父ちゃんの料理教室

辻 仁成

大和書房

まえがき

　ぼくは息子にパパと呼ばれています。息子と話をする時、ぼくは自分のことをパパと言います。じゃあ、なぜ、本書のタイトルは「父ちゃん」なのでしょうか？　ぼくはツイッターをやっています。そこではパパじゃなく、父ちゃん、を名乗っています。なぜだと思いますか？　ぼくにとってパパは息子のためのパパです。でも、ツイッターなどで自分を父ちゃんと呼ぶ時は、皆さんに父性的な立場で語りかけています。

　本書は、ぼくがこれまでに作ってきた料理の作り方をお伝えするものですが、ただの料理書ではありません。この本は、シングルファザーとして、小学生だった息子を高校生まで育て上げた父親であるぼくが、食べることの素晴らしさと奥深さを、父ちゃんという立場であらゆる方々に向けて語る人生の書&優しいレシピ集なのです。

　辻家の定番料理がなぜこんなにも美味しいのかを、さまざまな角度から、経験から、ぼくら親子の会話を通して、深く掘り下げていきます。そうすることで、普通のレシピではどうしても描けなかったその料理の本質に迫ることが出来るのです。なので、いわゆる普通のレシピではなく、代わりに父ちゃんが皆さんに寄り添い、語りかけるように丁寧に、作り方をお伝えいたします。料理を作るうえで欠かせない、コツやタイミングや本質が盛りだくさんですよ。

　さぁ、ページをめくって、さっそく料理をはじめてみましょう。

作家　辻 仁成

目次

＊この本で使用した計量の単位は、1カップ＝200㎖、大さじ1＝15㎖、小さじ1＝5㎖です。

＊オーブンは機種、種類によって加熱時間が異なります。様子を見ながら加減してください。

フランス風イカめし
Encornets à la tomate

　あのね、なぜ生きるのはこんなに大変なんだろうって、思うことあるだろ？　君のように若い人間であっても、もっと幼い子であろうと、あるいはパパよりもうんと年配の人でも、実に、生きるのは面倒なことの連続なんだな。

　パパがなんで料理をするのかというと、料理をしていると嫌なことを忘れられるからだ。ついでに美味しいものが出来るからね。完成した時は嬉しいし、君が食べてる姿を見ていると、よかったな、と思えて幸福になる。つまり、嫌なことを回避するのにキッチンは最適な場所なんだよ。

　もっと言えば、パパはキッチンが好きだ。

　キッチンにいると小言も出ないし、キッチンで料理している時は美味しいものを作るという目的があるから、気力が湧いて、しゃんとなる。ぐずぐずしてはいられないし……。わかる？　ここは台所だが、同時に、心を安らげるのに最高の場所でもある。

　君に料理を教えたいと思ったのは、人生の逃げ場所をひとつ作ってやりたかったからだ。辛い時はいつでもここに逃げて来い。つまりだな、キッチンは裏切らないんだよ。

　パパは昔、誹謗中傷を受けたことがあった。ボコボコにやられたことがあった。味方は少なかったし、君を育てないとならなかった。その時、パパを救ったのが、他でもないキッチンだった。

余計な事を考えている暇はないし、暇を持て余したやつらの批判に振り回されているわけにもいかないからな。親というのはそういうものだ。親は子供に弱音を吐くわけにはいかない。

　パパはシングルファザーになった時、毎朝、必ず米を研いだ。覚えているかな？　昔住んでいたアパルトマンのキッチンにもこっと同じような窓があったろ？　パパはそこから空を見上げて米を研いだ。白く濁った冷たい水の中に手を入れて、ゴシゴシ米を研ぎながら、負けないぞ、と自分に言い聞かせていた。
　負けないぞ、がそのうち、美味しくするぞ、になっていった。どんなに寒い冬の真っ暗な朝であろうと、パパは小さな窓から暗い空を見上げて米を研ぎ続けた。それが、生きるということだ。生きるということをここで教えられた。悔しさや後悔や悲しみを、パパはキッチンで払いのけた。
　ある日、気がついた。キッチンはパパにとって道場のような場所なんだってことにね。

　今日はパパの定番料理を君に伝授する。君も大好きなイカのプロヴァンス風アヒージョだよ。「フランス風イカめし」って呼んでるやつだ。合わせるのはお米かパスタか、パスタだったら今日は太いタリアテッレがあるから、これでいいね。じゃあ、今日はパスタにしようか。

　昨日、マルシェの魚屋で買ったイカを、まず処理する。いいか、水を流しながら、イカの胴体の中に指を入れて、ほら、コリコリした軟骨があるからそいつを抜き取る。面白いくらいスッと抜けるだろ？　パパの大好きな瞬間だ。足を抜き、内臓もほじくり出す。全部出せなければ、後で輪切りにする時に残りは処理すれば

いい。

　内臓を抜いたら中をよく洗い、イカの表面の皮を指先でちょんちょんとひっかいてはぺろっと剥いでいく。灰色のイカが真っ白になると、これまた幸せな気持ちになる。皮をむいた胴体は輪切りにする。足は目の下で内臓と切り離し、内臓側は処分する。足の付け根にあるくちばしを取り除き、吸盤を手でこそげ取って洗い、食べやすい大きさに切って胴体と一緒にしておく。

　いよいよ、本題に入るぞ。フライパンに5〜8mm程度、たっぷりとオリーブオイルを入れる。フライパンはあまり大きくないほうがいい。底面にオイルの水たまりを作りたいからだ。

　そしたら、つぶして粗みじんにしたにんにくとアンチョビを加えて弱めの火で揚げ焼きにし、香りをオイルに移す。アンチョビは細かくカットしなくていい。これが面白いくらい、自然に溶けていくんだ。にんにくは色づき、アンチョビは溶け出す。時間がかかる場合は、菜箸でアンチョビを揺さぶってやれ。あれよあれよという間にオイルの中で粉々になる。

　どうだ、いい香りだろ？　にんにくとアンチョビのたまらん香りだ。アヒージョというのはスペイン語で「刻んだにんにく」という意味で、南スペインでは小皿料理にこの名前が付けられている。君が小さかった頃、パパがキッチンで料理をしているとやって来て、「う〜ん、美味しそうな香りだね」と言った。

　料理人は褒められると悪い気がしないからね、嬉しくなると当然どんどん料理というものは美味しくなる。人間は褒め上手になり、人間は褒められ上手であるべきだ。

　そしたらそこに、輪切りにしたイカをぶち込む。もうこれだけでうまそうだけど、もっと美味しくするために、さらにここに、

白ワインを回しがけしよう。強火にしてアルコール分を飛ばしたら、トマト缶を開けてトマトを入れる。10分ちょっと煮込む。木べらでトマトを崩しながら。

　煮込んだら、トマトペースト、醤油、塩、こしょう、タバスコなんかを好みで加えて、味をととのえる。最後にバジルの葉を投入し、パルミジャーノチーズを振りかけたら、完成となる。

　あ、パスタゆでるの忘れてるじゃん。あはは、それは君の仕事だ。パパは窓からあの日の空を見上げているから、ゆで上がったら、教えてくれ。

[材料]（2人分）

イカ	大きめのもの 2 杯（400g）
オリーブオイル	100mℓ
にんにく	6〜8片
アンチョビ	2〜3枚
トマト缶	400g
白ワイン	100mℓ
トマトペースト	大さじ1
醤油	大さじ1/2
塩	ひとつまみ
こしょう	適量
タバスコ	適量
バジルの葉	1束
パルミジャーノチーズ	大さじ1〜2
玄米または白米またはパスタ	適量

チキンときのこのクリームソース
Poulet à la crème et aux champignons

　だからね、料理ってのは特別なことじゃないんだよ。料理が上手とかヘタとか好きとか嫌いとか、関係ない。それは「後付け」であって、人間は生きるために毎日料理をして、毎日食べないとならない。君が一人暮らし、もしくは恋人と暮らしだしたら、毎日、何かを作って食べないといけなくなる。

　人間ってのは何を食べたいと思うか、食べようとするかが大事だ。お金があっても食べることを疎かにしている人は豊かじゃない。血の通った料理というのがあって、それは日々の生活とどう向き合っているかで、決まってくる。

　この時期にはこういう野菜が出る、こういう食材がマルシェに出回ると知っているだけで、季節を食べることができ、楽しくなり、当然、豊かになる。

　パパは君に季節が変わるごとに出てくる食材をずっと食べさせてきた。マルシェに行き、新鮮なものを選んで、目で見て、お店の人と相談をして、おすすめのものを買って、食べさせてきた。どんなに忙しくても、それだけは手を抜かなかった。

　君は16年間でそのことを生活の中で、自然に学習してきた。秋になればきのこが美味しいはずだということを知っている……。それはとっても大事なことなんだ。

　パパが市場に行くのが好きなのは、季節を感じるからだ。ある

14

いは、地球を感じることができるからだ。とくに八百屋に行くと、旬の野菜に出会える。春夏秋冬が一番わかるのは八百屋さんだよ。冬はかぶ、春だったらアスパラガス、夏はトマト、そして、秋はきのこ。あそこの市場には秋になるときのこ屋さんも立つ。

　きのこもいろいろとある。冬になると出回るものもある。トリュフやセップ茸のような高級なきのこも出てくる。

　見ろ、今日はこんなにたくさんのきのこを手に入れた。これを使って、簡単で、超美味しいチキンときのこのクリームソースを作ろう。

　まず、鶏肉は食べやすい大きさに切って、塩、こしょうをしておく。フライパンに、油またはバターをひいて中火にかけ、玉ねぎのみじん切りを炒める。玉ねぎはすべての料理の基本だからね、丁寧に火を入れていくように。玉ねぎが透明になってきたら、鶏肉をここに加えて焼く。

　食べる時の喜びをイメージして焼いてごらん。美味しそうと思いながら料理をすると、人生そのものが豊かになる。これ、当たり前のことだけど、これが自然にできるようになると毎日が楽しくなる。好きな音楽でも聴きながら料理をしたらいい。その時間も素敵だ。

　焼き色がきれいについたら、きのこと栗を加えて炒め合わせ、白ワイン（またはウイスキー）を加えて少し火を強めてアルコール分を飛ばし、水50㎖とチキンブイヨンを加えてチキンに火を入れるんだ。

　アルコールを飲まない君にはわからないかもしれないけど、ワインとかウイスキーを入れると食材も人間同様に酔って、寝る前のパパのように陽気になる。それだけ、旨味が出るってわけだよ。

笑顔、大事だからね。

　チキンに火が通ったら生クリームを加え、弱火でクツクツと煮込んでいく。ちょっと気長に様子をみよう。こういう時間こそが大事だし、食べ物が美味しくなる愛おしい瞬間でもある。

　そしたら一度火を止め、蓋をして15分ほど置き、食べる直前に温め直し、塩、こしょうで味をととのえたら完成となる。

　おっと、言い忘れた。ソースにとろみをつけたい場合はコーンスターチ（または片栗粉）大さじ1を同量の水で溶いたものを加えてよく混ぜてごらん。とろみが出ると、食感が変わる。

　ご飯にかけても、パスタにかけてもうまいけど、今日の付け合わせはフランス人の伝統スタイルにしよう。エクラゼ（つぶすこと）したじゃがいもで作るエクラゼ・ド・ポムドテールだ。

　皮をむいて適当な大きさに切ったじゃがいもをゆで、ゆで上がったら水を切り、鍋にじゃがいもを戻してフォークでつぶし、バターを加えて弱火にかけながらよく混ぜ、塩で味つけしたら、ほら、もう出来た。簡単だろ？

　じゃがいもの種類によってボソボソする時は生クリームや牛乳を少し加えてなめらかにしたらいい。パパは生クリームが大好きだから、必ず入れている。そうすると風味やまろやかさや舌触りが変わってくるから。

　でも、そこは好き好きでいい。君は君の家庭の味を創作していくのがいいだろう。パパの味を受け継ぐもよし、自分の味を自分の家族に伝えるもよし。

　エクラゼ・ド・ポムドテールを皿に盛り、そのまわりに温め直したチキンときのこのクリームソースをかけてやると、やばっ、めっちゃうまそうじゃないか！　よし、喰うか！

[材料]（2人分）

鶏むね肉 ——————————— 300g
塩、こしょう ——————————— 適量
油またはバター ——————————— 大さじ1/2
玉ねぎ ——————————— 1/2個
きのこ ——————————— お好きな種類を好きなだけ
　　　　　　　　　　　　（今回は、エリンギ2本、
　　　　　　　　　　　　しめじ1パック、
　　　　　　　　　　　　モリーユ茸10個くらい）
栗 ——————————— 10個くらい
白ワイン（またはウイスキー）—— 大さじ1
チキンブイヨン ——————————— 1/2個
生クリーム ——————————— 80㎖
〈エクラゼ・ド・ポムドテール〉
　じゃがいも ——————————— 中2個（300g）
　バター ——————————— 15g
　塩 ——————————— 少々

17

クロックマダム
Croque-madame

　男性はムッシュって呼ばれるよね。パパも、通りを歩くと、「ムッシュー・ツジー」って。笑。

　実はね、パパは「ムッシュ」って呼び止められるの、気に入ってるんだ。ムッシュ〜って、可愛らしいものね。君はまだ、ムッシュと呼ばれることは滅多にない。高校生だから当然、でも、だんだん言われるようになる。

　フランスの少年たちにとって、ムッシュと言われることはある種の憧れであり、同じように、女の子たちもみんな一日も早くマダムになりたがっている。

　日本ではモラトリアムの猶予期間を精一杯利用してぐずぐずと大人になることを目指す若者が多かったけど（日本を離れて20年、今はわからない）、そういう意味じゃ、フランスの若者たちは背伸びして今すぐ大人扱いされたい子ばかり。ある意味、早熟なんだな。

　パパの知り合いの日本人のS君なんて、在仏20年を超えるのに、なかなかムッシュと呼んでもらえないってぼやいていたけど、パパは、自慢じゃないが、最初からムッシュだったぞ！

　たまにフランスで差別を受けたと言って怒っている日本の知り合いがいるけれど、この国では差別を受けたと思った時点で負けなんだ。差別などさせないくらいの威厳とか毅然とした態度が大事なんだよ。わかるだろ、パパを見てたら、威厳のかたまりのム

ッシュでしかない。おい、なんで笑うんだ。そこ笑うとこちゃう
で！

　ムッシュと呼ばれれば、紳士的な振る舞いがきちんとできる大
人として扱われたという証拠でもある。君もみんなからムッシュ
と呼ばれるように、がんばろうね。

　そういえば、哲学者のアドリアンおじさんに、「しかし、フラン
ス人って世界一変わっているよね」とこの前言ったら、「ムッシュ
・ツジ、それは違う。個性的と言ってくれよ。我々は個性を尊重
する。一人一人に人格があり個性が認められている。いいかい、
自由という言葉はフランスで生まれたんだよ。君たち日本人も、
もっと個性を尊重するべきだ」と逆に怒られちゃった。

　10年ほど前に、サンジェルマンのカフェで女優のカトリーヌ・
ドヌーヴさんがお茶をしていたんだけど、日本だったら、きゃ～
きゃ～大騒ぎになるだろうねぇ。

　しかし周囲のマダムたち、「ふん、私のほうがもっときれいよ」
みたいな感じで誰一人彼女を見ようともしない。笑。で、全員が
つんと鼻を高くさせて大女優みたいになって、お茶を飲んでる。
そういうのを見ると、めっちゃフランス～、と嬉しくなるんだよ。
「有名だからなに？　私も生きているし、私だってたくさん恋を
してきたし、私の人生だって誇らしいのだから、ミーハーなこと
は出来ません」みたいなちょっと無理した感じのつっぱり感。で
も内心は、「あ、カトリーヌ・ドヌーヴがいるわ」とそわそわして
いるはずなんだけど、ね。笑。

　自分を中心に世界が回っているという、ある意味自分を大切に
した生き方、パパももっと見習いたいと思う。え？　もう十分だ
って？

ということで、今日はフランスの紳士淑女たちが大昔からこよなく愛してきた、1910年にパリのオペラ座近くのカフェではじまったとされるホットチーズトースト、いわゆる「クロックムッシュ」を作ってみることにしよう。

　でも、普通のクロックムッシュじゃ面白くないからね、上に目玉焼きをのせた「クロックマダム」だ。なんとも、このユーモア、最高じゃないか！

　まず、オーブン（グリル）を200度に予熱する。

　小さなフライパンにバターを溶かし、小麦粉をふるい入れ、ふつふつとするまで木べらでよく混ぜ合わせる。牛乳を少しずつ、4回くらいに分けて加え、弱めの中火でダマにならないようにその都度よく混ぜ合わせていくんだ。すると、とろっとしたベシャメルソースが出来上がる。

　食パンにハムとベシャメルソースをのせたら、もう一枚の食パンを重ねて閉じ、さらに上にとろけるチーズをのせてオーブンに入れ、10分ほど焼く。チーズに焼き色がついたら完成。そこに目玉焼きをのせればクロックマダムということになる。簡単だね。

[材料]（2人分）

バター ——————— 15g
小麦粉 ——————— 15g
牛乳 ——————— 150㎖
食パン（8枚切り）——— 4枚
ハム、とろけるチーズ ——— 適量
卵 ——————— 2個
塩、こしょう ——————— 適量

ラモンおじさんのスパニッシュ・オムレツ
Omelette espagnole de l'oncle Ramon

　社会史の勉強からはじめよう。ジブラルタル海峡はどこにある
かわかるかな？　はい、ご名答！　もうちょっと正確に言うと、
イベリア半島のスペイン領、それから英国領のジブラルタル、そ
して南側はモロッコという三つの国や地域に囲まれた狭い海峡の
ことなんだよ。

　古代から軍事的にも海上交通路としてもとっても重要な場所だ
った。素晴らしい場所だけど、その海峡の北側に広がるのが、パ
パの大好きなアンダルシア州、フラメンコとかスパニッシュ音楽
などで有名な場所で、州都がセビリアだ。

　実はパパの音楽はスペインの影響を強く受けている。最近はと
くにスパニッシュギター風の奏法を取り入れているんだ。これは
セビリアを旅したことが大きい。

　で、パパはたまたま入ったラモンおじさんという人のレストラ
ンで、まさにこの情熱的な太陽の街を体現するような料理と出会
ってしまった。

　スパニッシュギターのダイナミックな音に引き寄せられ、たど
り着いた広場の片隅。路地ではフラメンコダンサーのような、多
分、素人の女性だと思うけど、笑顔で踊りながら、その人に手招
きされるように……というのは父ちゃん、ほら、妖艶なマダム好
きだから、えへへ。

　店内に入ると、天井から生ハムの豚の脚が吊るされている。「ハ

モンイベリコ原木」と呼ぶんだけど、あれがずらっと吊るされていて、下で男たちが立ちながらシェリー酒片手になにかを食べていた。

　そう、彼らがうまそうに食べていたのが、父ちゃん自慢の「ラモンおじさんのスペイン風オムレツ」ということになる。

　ただのオムレツなんだけどね、ただものじゃない！　これを君にどうしても伝授したかったのは、いつでも、どこでも食べたい時にサッと作ることが出来るし、お金もかからないし、時間もかからないし、本当に簡単で便利な料理だからだ。時には小腹が空いた時のおやつになり、大人になったらビールやワインのおつまみにも最適。この作り方は知っておいたほうがいい。

　まず、皮をむいたじゃがいもを、厚さ1cm程度の輪切りにする。好みで5mm程度にしてもいい。パパは小食だから薄目で作るけど、君は育ちざかりだから、分厚くていいだろう。

　切ったじゃがいもと水を小鍋に入れて、ゆでる。竹串を刺してみてすっと入ったらオッケーだ。取り出して水気を切ったら、皿に並べよう。皿に敷き詰めるように並べたら、上に刻んだねぎを散らしておく。

　次に、フライパンに多めにオリーブオイルをひく。卵を揚げ焼きにするので、そうだな、5mmくらいかな。卵を3、4個割り入れ、最初は強火で底がちょっとカリカリになるまで焼く。

　ひっくり返さない。下からの熱で表面の白身が白くなってきたら、完全に白くなる手前で火を止め、もちろん黄身は生の状態のまま、フライパンを持ち上げてだな、目玉焼きを先ほどのじゃがいもの上にスライドさせ、のせる。

残ったオイルは必ず回しがけするんだ。このオイルが最高にうまい！　卵の上に、パプリカパウダーをたっぷりと振りかけ、そこにフルール・ド・セル（塩の華）を散らし、こしょうで味をととのえたら完成だ。

料理とは言えないほど簡単だけど、これがうまいんだよね。この塩加減とパプリカと卵の黄身、ほのかに焦げた白身のカリカリ、そして柔らかいじゃがいものハーモニーは、文句なし。スペイン人ってシンプルなものを作り出し、楽しむ天才なんだよ。

これを頬張りながら、シェリー酒飲んで、酔って弾くスパニッシュギターは最高だよ！

[材料]（2人分）

じゃがいも	小 2 個
長ねぎ	1/2 本
オリーブオイル	適量（多めに）
卵	3、4 個（お好きなだけ）
パプリカパウダー	適量
フルール・ド・セル（塩の華）	適量
こしょう	適量

＊フルール・ド・セル（塩の華）は、ミネラルを多く含んだ大粒の天日塩。風味豊かで、一振りするだけで素材の旨味がぐっと引き立ちます。

牛肉のタリアータ
Tagliata de boeuf

　いいかい、今日は一生についての話だよ。一生っていうのは君が生まれてから死ぬまでの時間のことだ。

　一生というものは人間の数だけある。パパの一生もあれば、ウイリアムの一生もあるし、リサやロベルトの一生も、もちろん、君の一生もある。生き物すべてに、一生は与えられている。

　でも、一生というのは簡単じゃない。楽しいこともいっぱいあるけれど、基本は厄介だ。なかなか思う通りには生きられない。とくに人間は、たくさんの後悔を背負って生きていく……それが人間というものだ。

　人が一生を生きはじめる時、誰もが人生の初心者でもある。生きながら、人間は、自分の一生をコントロールしなきゃならない。しかしだな、失敗や過ちのお陰で人は自分の人生を軌道修正することができるんだ。

　最初から一生を上手に操ることの出来た人なんかいないよ。大きな失敗の後にはじめて小さな成功を手にするように出来ている。そして、失敗を繰り返していくうちに、徐々に失敗しないようになっていくという寸法だ。これを「経験」と言うけれど、人生は経験によって、少しずつたくましくなっていく。

　なんとなくここは大人しくしておこう、とか、なんとなくここは出しゃばってみよう、とか、これは気を付けたほうがいいだろう、とか、わかってくる。経験がやがていい教師になってくれる

わけだ。そうやって人は一生を旅していく。

　時には冒険をしてみるのがいい。失敗を覚悟して。

　時には長い休暇をとったらいい。人生を見つめ直すためにも。

　最近、パパはちょっとだけ自分の半生を振り返ってみた。すると、とっても幸せな時があったことに気づいたんだ。その時はそれが幸せだとは気づかず、もったいないことをしたよ。

　今、この瞬間、自分は幸せなんだ、と気づける人のことを、幸せ者と呼ぶのだろう。逆に、はたから見たらとっても幸せそうなのに、その幸せをないがしろにしている不幸な人もいる。幸せに気づけない人は不幸だと思う。

　だからね、パパは君に言いたい。今を大事に生きなさい、とね。簡単なことじゃないか？　今を大事に生きさえすれば、一生は君の味方になるのだから。

　そして、後悔はあっても恨んだり憎んだりすることのない、最終的には穏やかな一生を生きて終えたいなぁとパパはいつも自分に言い聞かせている。人は毎日忘れて、人は毎日覚えていくのだから。いつか訪れる最後の日まで、パパは自分に嘘をつかず、自分に正直に、自分の生にどっぷりと浸って、生きていこうと思っているんだ。

　さぁ、お腹が空いてきたね。今日は、食べると元気になるステーキを作ろう。君も大好物のイタリアンステーキ、タリアータだ。

　今日はフライパンは使わず、グリルパンで作る。肉に網焼きのような焼き目をつけることが出来るこのグリルパンで焼くと、最高に美味しいのができる。

　最初に、グリルパンを強火にかけて、表面からうっすらと煙が

上がってくるくらいまで熱する。これがとっても重要になるので、ここだけは絶対に守ってほしい。グリルパンが熱くなるまで、注意しながら強火にかけ続けるんだ。しばらくすると、煙がちょろちょろっと上がってくるから、ほら、いい感じ。

こういう料理の時は、気を抜かないこと。強い火にかけるから、危険だからな。しっかり目視して注意深く火加減を見つめていくことだ。

牛肉は、厚みが3〜4cmくらいあるものがいい。焼く30分〜1時間ほど前に冷蔵庫から出して室温に戻しておく。そして、両面にまんべんなく塩、こしょうをする。

グリルパンに油はひかず、肉をのせたら、片面からしっかり焦げ目がつくまで焼く。ダイナミックな料理だよ。焦げ目がついたら肉の角度を変え、格子状に焼き目がつくように焼いていく。3〜4分焼いたらまた別の面を同じように焼き、全体にしっかりと焼き色をつける。

肉の焼き具合を確かめるための方法がある。いちいち切って、火の通り具合を確かめるわけにはいかないシェフたちがやってきた方法だ。

まず、親指と人差し指を軽く合わせてOKサインを作ってみろ。仏像の手の感じ。で、親指と人差し指の付け根の肉を反対の手の指で押して弾力を確かめたら、その指で、今度はグリルパンの上の肉の中心を押してみるんだ。指の付け根の硬さと肉の硬さが同じになるのがいい焼き具合の目安と言われている。

同じ弾力になったら、火を止めよう。そして、肉をアルミホイルで包み、15〜20分ほど休ませる。

食べる直前に薄く切り分ける。この薄切りのことをイタリア語で、「タリアータ」と言うんだ。イタリアでは結構分厚く切ったものが出てくるけど、タリアータと呼ばれている。ま、食べやすいサイズに薄切りにしたらいいよ。そして、好みのソースでいただく。

　本場イタリアでは、ルッコラとパルメザンチーズを散らし、塩とレモンで食べることが多いよ。パパは余計なものは一切使わない。フルール・ド・セル（塩の華）だけで食べるのが好き。これがめっちゃうまいんだ！

［材料］
牛肉（サーロイン、もも、ランプなど）―――500g
塩、こしょう――――――――――――適量

＊お好みでルッコラ、パルメザンチーズ、オリーブオイル、レモンを添えて。

じゃがいもとベーコンのタルティフレット
Tartiflette

　結局、パパが思うに、人間は大きく分けて2種類いる。それは、料理をする人と、しない人だよ。するから偉いというわけじゃない。たまたま、そういう風に分かれてしまうのだ。

　でね、料理をする人は、自分のために料理をする人と、誰かのために料理をする人に分かれる。パパは、そう、誰かのために料理をするのが大好きな人間ということになる。

　パパは、昔から料理をして誰かを喜ばせるのが好きだった。その気持ちはだいたい家族に向けられた。きっと、パパの母さんがそういう人だったから、あの人を見習って、料理が好きになったんじゃないかなって思う。

　習いたいって君が最初に言ってくれたのは、音楽とか日本語とかじゃなくて、料理だった。それはなんで？

　きっと、自分が美味しい料理を作りたい、からはじまって、心のどこかに、いつか誰かにそれを食べさせたい、そして笑顔になってもらいたい、という思いがあったからじゃないか？

　それでいいんだよ。料理は美味しいものを作り出せるマジックなんだ。いつか、君が自分の恋人や、あるいは血を分けた人に料理する日が来るのは間違いないから、パパは君に、その魔法を伝授する。人間に笑顔を与える料理という名の魔法だよ。

　今日は、フランスの定番家庭料理、タルティフレットを作ろう。

まず、玉ねぎを薄切りにする。玉ねぎはあらゆる料理の基本中の基本だからね。料理をする人間は間違いなく玉ねぎをむくことからスタートする。

　ローマ時代よりもっと昔から、玉ねぎは人間の胃袋と友だちだった。玉ねぎを料理に使わない国なんかないくらい、みんなこの野菜にぞっこんなんだ。炒めると香ばしくなり、甘みも出て、あらゆる食材と仲良しで、食材と食材をつなぐ魔法の野菜と言うことができる。

　じゃあ、やってみよう。まず、玉ねぎの根元の部分を5mm程度カットする。同じように、今度は反対側の頭の部分を5mmくらい包丁で切るんだけど、こっちは切り落としちゃだめだ。だいたい1cm幅くらいで薄皮一枚を残す。そして茶色い皮を根元に向かって引っ張って、縦に1cm幅でむく。そしたら今度はそこから左右どっちでもいいから、ペロッと一周むいてしまうんだ。すると皮が、いっぺんに全部とれる。これ、昔、パパの父さんに習ったやり方なんだよ。

　次に、細切りにしたベーコンをフライパンで炒める。ちょっと油を足してもいいかな、そこに薄切りにした玉ねぎを入れて絡めながら、弱めの中火でじっくり火を入れる。

　あのね、玉ねぎって、優しく火を入れるのがコツね。時間がかかるけど、しんなりと色づいて、少しあめ色になるくらいがうまいんだよ。焦げつかないように、木べらでよく混ぜながら炒めていく。塩、こしょうも忘れるな。人生と一緒で基本だけは守らないとならない。それが美味しいものを作る一番のコツになる。

　ほら、いい香りだろ？　いい色だろ？　そしたらここに白ワインを加えて、ヘラで焦げついた部分を削ぎながら混ぜていく。こ

のちょっと焦げついた、キャラメリゼされたところなんかに旨味が宿っているから、余さずに。

　玉ねぎを炒めるのと同時進行で、じゃがいもをゆでておこう。皮をむいて食べやすい大きさに切ったじゃがいもを水からゆで、竹串を刺してスッと通ればオッケーだ。だいたい15分くらいかかるかな。これとあれとそれをこのタイミングでやれば時間の節約になるなって考えながらやるといいよ。頭の体操にもなる。

　そうだ、あらかじめオーブンも温めておかなきゃならない。これはオーブン料理の鉄則だよ。200度で予熱しておこう。

　ゆで上がったじゃがいもはオーブン皿に並べて、その上からさっきのベーコンと玉ねぎの炒めたやつをかけて、ヘラで和えてごらん。絡める感じだよ。その上にチーズをのせる。今日はカマンベールチーズを1個丸ごと使うけど、本家本元のタルティフレットは、ルブロションチーズを使う。オーブン皿が楕円形だから、カマンベールも円形のまま、上下にカットしてボンボンと上にのせよう。チーズは、ピザ用チーズでも、ラクレットでも、なんでもいいよ。

　オーブンに入れたら、後は出来上がるのを待つだけだ。もう火は通っているから、上のチーズが溶けて、表面が軽く色づいて、グツグツとなってきたら、完成だよ。15分から20分くらいかな。どうだい？　簡単でしょ？

[材料]（2人分）
玉ねぎ —————————— 大 1 個
ベーコン —————————— 100g
塩、こしょう —————————— 少々
白ワイン —————————— 50㎖
じゃがいも —————————— 中 2 個（250g）
カマンベールチーズ —————————— 1〜2 個

鶏もも肉のトマト煮込み
Cuisse de poulet à la tomate

　パパは物を捨てるのが嫌いなんだよ。冷蔵庫の中で忘れ去られていく物がかわいそうでしょうがないんだ。必要な時だけちやほやされて、余ったらそのまま放置されて、気がついた時には手遅れ。カビが生えていたり、風味が飛んでいたり、消費期限が過ぎていたり……。どう思う？　そういうの、地球環境的にも許されないことじゃないのかい？　何がおかしいんだよ。え？　パパが買ったものばかり？

　つい買い過ぎてしまって、残って残念なことになる食材を生かすことを日々考えている。料理を愛する人は食べ物を粗末にしない人でもあるからね。
　「いただきます」と日本人はご飯を食べる前に言うけれど、あれは、命をいただきます、という感謝の言葉なんだ。野菜だろうと、魚であろうと、もちろん肉も、余すところなく食べなきゃいけない。だからパパは残った野菜は全部、煮込みにするんだけど、それでも残ってしまう野菜はおしんことか、ふりかけなんかにする。
　たとえば、にんじんの葉っぱがあるだろ？　人はあまり食べないんだけど、パパはあれでふりかけを作るんだ。みじん切りにしたにんじんの葉っぱをごま油で炒めて、みりんと酒と醤油で味つけする。最後に、ごまをたっぷりかける。いつも、君が美味しいって食べているふりかけ、あれ、お馬さんが大好きなにんじんの葉っぱなんだよ。なんで、そんな顔をする？　笑。

うちの冷蔵庫で、ある頻度で残念な末路をたどる食材がある。それはケッパーとオリーブなんだよね。なぜか。ケッパーはスモークサーモンを食べる時に使うから買うのだけど、それ以外の応用がなかなか利かない。オリーブは大好きだから買うけど、買い過ぎちゃって、どんどん古いものが冷蔵庫の奥へ奥へと行きがちな食材ナンバーワンということになる。

それで、パパはこの二つを使った料理をいろいろと開発してきた。余った食材で、お金を出してでも食べたくなる料理を目指すって、かっこいいよね。ケッパーとオリーブのコンビだと、パスタにも合うし、地中海風の魚料理なんかにも合うのだけど、一番美味しいのは鶏もも肉の煮込みなんだ。ということで、今日はこれを作ってみよう。

まず、鶏もも肉を大きめに切り分け、塩、こしょうをする。にんにくはつぶしておく。つぶし方は、根元を切り落としたにんにくの上に包丁を寝かせてのせ、上から体重をかけるように押すと簡単だよ。玉ねぎはみじん切りにしておく。

そしたらフライパンにオリーブオイルをひいてだな、中火で鶏肉を焼くんだけど、皮目を下にしてフライパンにのせて、まずはしっかりと皮をパリパリに焼く。

皮にきれいな焦げ目がついたら裏返し、にんにく、赤唐辛子（種を取り除いておく）、玉ねぎを加え、ちょっと火を弱め、ここは鶏を焼くというよりは野菜に火を通す感じね。

白ワインを加え、フライパンにこびりついた焦げを木べらでこそげ取り、ケッパー、オリーブ、トマト缶、チキンブイヨンを加え、蓋をして煮込む。時々蓋を開けてトマトを崩していこう。

静かにふつふつするくらいの火加減で20分ほど煮込んだら蓋

を取り、少し水分を飛ばす。とろっとしてきたら最後に生クリームを加え、さっと混ぜる。塩味はケッパーとオリーブから出るので、味見をして、必要ならば塩を足し、こしょうで味をととのえればいいよ。

　パスタ（ラザニェッテやフェットチーネなどの平麺が合う）をゆで、オリーブオイルで和えてお皿に盛り、上から煮込んだチキンとソースをかけて、パルメザンチーズをたっぷりかけたら完成だ。

[材料]（2人分）

鶏もも肉 ————————— 300g
塩、こしょう ————————— 適量
にんにく ————————— 1片
玉ねぎ ————————— 中1/2個
オリーブオイル ————————— 適量
赤唐辛子 ————————— 1/2本
白ワイン ————————— 30mℓ
ケッパー ————————— 大さじ1/2
オリーブ ————————— 4個
トマト缶 ————————— 300g
チキンブイヨン ————————— 1/2個
生クリーム ————————— 大さじ1
パルメザンチーズ ————————— 適量
お好きなパスタ ————————— 180g

チキンピカタ
Piccata de poulet

　料理って、レシピ通りに作るのはとっても大事だけど、ちょっと一工夫すると、途端にこれまでのものが別世界的なものへと変わることがある。パパは実験とか創作が大好きだから、パパの料理は、オリジナルのままじゃなく、いわゆる伝統的なものにちょっと手を加えたものが多い。

　たとえば和風の要素を加えたり、和風料理を洋風に味つけしたりして遊ぶ。遊ぶことで今まで食べたことのない面白い一皿を作り出してきた。もちろん、失敗もあるけれど、失敗は成功のもとと言うじゃない。多分、そうやって世界中でレシピというものが生まれてきたのだと思う。

　チキン南蛮が好きだったし、ポークピカタも好きだったので、この二つを組み合わせるとどうなるかな、と思ってやってみたら、やっぱり美味しかった。豚を鶏に変えて、タルタルソースをかける。あまり意外な感じはしなかったけど、「そんな手もあったか」という料理の部類に入るね。

　そもそもチキン南蛮は和風なチキン竜田揚げを甘酢に浸してタルタルソースをかけたら美味しかったのがはじまりだろうから、竜田揚げってピカタに似ているし、通じるものを感じたのがこの料理が誕生するヒントになった。

　新しい料理が生まれるのって、たとえば突然、ハンバーグが生

まれたりはしないわけで、いろいろ歴史的な人の往来があって、文化や国をまたいで似た者同士が融合していった中で、最後にハンバーグにたどり着いたわけだ。だから、チキン南蛮風のチキンピカタがあっても、おかしくはない。

　ちなみに、竜田揚げは唐揚げからヒントを得ているのだろうけど、唐揚げがなぜ唐揚げと言われているのかについては諸説あって、一番濃厚なのは、唐揚げは「空（から）揚げ」が語源だろうというもの。何も下味をつけずにそのまま揚げていたから「から揚げ」なんじゃないの？って説だ。なるほどね。

　でも、中国料理の炸子鶏（ザーツゥーチー）のような料理を真似たとも言われている。炸子鶏は下味をつけた肉に、卵と片栗粉をつけて揚げるのだけど、もっとイージーに揚げても美味しかったことから日本で進化して唐揚げになったんじゃないかって、パパは想像している。

　竜田揚げも諸説あって、赤いモミジで有名な奈良県の竜田川からきているという説（竜田揚げはほんのり色づくので）と、戦争中に軍艦「龍田」で出されていた唐揚げが、小麦粉じゃなく片栗粉を使っていたのが美味しくて評判になり「竜田揚げ」になったという説もあるんだよ。どうでもいいことだけど、人に歴史あり、料理に由来あり、ということだ。

　ポークピカタをチキンにして、それをチキン南蛮のようにタルタルソースで食べたら美味しくないわけないんじゃないのって、父ちゃんは閃いた。これが辻家で定着したのは、成長期の君の胃袋にぴったりマッチしたことと、チキンはヘルシーだし、安いから家計にも優しかったということだ。タルタルがかかることでゴージャスにもなるからね。

じゃあ、作ってみよう。まず、タルタルソースの準備からはじめる。卵を固ゆでにゆでたら、ボウルにゆで卵とタルタルソースの残りの材料を入れて、フォークで卵を細かくつぶしながら和えていこう。

　鶏のむね肉は厚みがあるので、観音開きにして火を通りやすくする。身の中央に厚さの半分くらいまで縦に切り込みを入れ、包丁を寝かせて片側の身を厚さ半分に切り開いていく。くるりと回転させて上下を逆にし、反対側も同じように切り開く。

　薄く開いた鶏肉を大き目に切り分け、塩、こしょうをし、衣の材料をボウルに入れてよく混ぜ、鶏肉にしっかり絡めておこう。衣は、卵、小麦粉、片栗粉の比率が重要になる。炭酸ソーダはペリエでもいいよ。ちょっとだけ衣の中に炭酸を入れると、カラッと揚げられるんだ。よく絡めたら10分くらい置いておく。

　フライパンにサラダ油を5〜10mmほどひいて熱し、両面をじっくり焼くように揚げたら、完成だ。油がはねるときは蓋をするといいよ。さっそく、タルタルソースをかけて食べよう。ボナペティ！

[材料]（2人分）

鶏むね肉	300g
塩、こしょう	適量
サラダ油	適量

〈衣〉

卵	1個
小麦粉	大さじ1 1/2
片栗粉	大さじ1 1/2
炭酸ソーダ（あれば）	大さじ1/2
パプリカパウダー	小さじ2
クミンパウダー	小さじ2

〈タルタルソース〉

卵	1個
マヨネーズ	卵と同量（大さじ3〜4）
紫玉ねぎ（あれば）	1/6個
パセリ	適量
柚子こしょう	少々
醤油	小さじ1/4
オリーブオイル	大さじ1

中華風蒸し魚
Poisson vapeur à la chinoise

　パリってさ、世界中の食文化が交差する食の都じゃないか。名だたる世界各国の代表的な料理がずらりと並ぶ。この街では世界中のだいたいの食材が手に入り、その国を代表する料理であれば、たいがいは食べることが出来るんだ。

　アフリカや東欧、アラブ圏、南米、ロシア、中東、そしてアジア圏の料理たちがこの地に渡って来て、ここに根差し、この街でフランス風にアレンジされて開花し、ここから世界に紹介された料理も多い。

　うちでよく作るのは、北アフリカのクスクス、アメリカ南部のガンボ料理、ウクライナのボルシチ、北アイルランドのフィッシュ＆チップス、ハンガリーのグーラッシュ、ペルーのセビーチェなどなど、挙げたらきりがないね。

　辻家では、フレンチや和食が出る割合は大きいけれど、ありとあらゆる世界の料理がテーブルにのぼるだろ？　出来る限り世界各地の味を君に教えたかったからね。各国の料理を多少、和風にアレンジして、食べやすくして、出し続けてきた。君はどこにも行かずに、うちの食堂で世界を食べ続けてきた。それは素晴らしいことなんだぞ。多分、気づいてないとは思うけど。笑。

　たとえば、ほら、中華風の蒸し魚料理なんかもそうだ。行きつけの中華レストランの鯛を蒸して食べる料理にちょっと工夫をして、パパなりの和風中華に作り替えてしまった。

それほど魚が好きじゃなかった君が、中学に上がった頃から魚ばかり食べるようになったのは、この一品のおかげと言える。蒸して食べることで臭みをとり、味わいが柔らかくなり、胃もたれもせず、食べやすくなった。

　しかも、和風中華ソースが、魚本来の風味を引っ張り出す。一時期は毎日、蒸し魚が食べたいって、せがまれたよね？　今も、多い時で週に一度はテーブルに登場する、辻家のヘビーローテーション！

　中華風蒸し魚は、もちろん鯛でもいいけれど、白身魚であればだいたいなんでも美味しくなる。スズキやタラでもいい。魚を選ばないよ。

　内陸のパリは魚が日本の何倍も高いので、パパは冷凍の魚もたまに使っている。日本にも進出した冷凍食品専門店、ピカールの冷凍の魚は、とっても安いし癖もなく、生で買った魚に負けないくらいのクオリティだから。え？　気づいてなかった？　だよね。ただ、冷凍の魚は半生で食べるのは避けて、しっかり火を通すこと。生食用ならば半生でも大丈夫だけれど。

　今回は贅沢に、マルシェで買った新鮮な刺身でも食べられるような鯛を使って、この料理を君に伝授しよう。え？　いきなりマルシェの鯛かよって？　いいじゃないの〜。生で食べられる刺身用の白身魚を使い、ちょっと半生くらいで食べるのが最高なんだよ。

　まず、三枚におろした鯛の切り身にちょっと塩を振っておこう。そしたら、蒸籠に皮目を下にして並べる。せん切りにしたしょうがと5mmくらいの幅に切った長ねぎをその切り身の上にのせる。結構な量をかけてほしい。この香味で魚を香らせるからね。香り

がとっても大事な料理になる。

　鍋にお湯を沸騰させ、その上に鯛の入った蒸籠をのせて、蒸す。魚の個体差にもよるけど、だいたい10分くらい、白くなればもう十分だ。

　蒸し上がった魚をお皿に盛り、薄口の醤油をかけ、最後にフライパンで熱したごま油を上からジュッとかけたら完成となる。すりごまやこしょう（山椒などでも）を振りかけて、白ご飯と一緒に食べると最高にうまい。中華だけど、ちょっとフランス風、ちょっと和風に洗練された優しい味で、かつてフランスが宗主国だったベトナムなんかの風を感じたりもする。そういうフランス語があるのかわからないけど、フランコ・シノワーズな一皿と言えるだろうね。

　とってもいい香りだ。さあ、喰うか！

[材料]（2人分）

鯛	三枚おろし1尾分
塩	適量
長ねぎ	1/2本
しょうが	1片
薄口醤油	大さじ1〜2
ごま油	大さじ2
すりごま、こしょう、山椒など	お好みで

＊醤油大さじ2、ごま油大さじ1、酢大さじ1をフライパンで煮立てたソースをかけ、香菜（パクチー）を添えても美味しいです。

ラタトゥイユ
Ratatouille

　野菜が食べられなかった君を、野菜好きな少年にしたくて、パパが苦心して作ったのが、今日一緒に作る辻家の定番ラタトゥイユ。特徴は、ちょこっとだけカペッリーニが入っているという点なんだ。

　トマトソースのスパゲッティが大好物だから、ラタトゥイユに冷製カペッリーニがのっていたら食べるに違いない、自分も食べたいし、と思ってやってみたら、案の定、10歳の君はペロッと完食して、「これ、もうないの？」と言った。笑。それ以来、君はだんだん野菜が好きになっていく。

　実は、いきなりラタトゥイユじゃなかったの、覚えてるかな？
　最初はイタリアのミネストローネだった。何が違うかって？簡単に言うと、野菜がもっともっと細かくカットされていて、ラルドン（ベーコン）が入っているのがミネストローネ！　ベーコンが肉感を野菜に移すから、ありゃあ、子供が好きになるわな。

　野菜が好きになってきたところで、もう少し野菜の形がしっかり残ったラタトゥイユの出番となった。いい作戦だったろ？　それから君は野菜なら何でも食べられる青年に成長したというわけだ。

　ラタトゥイユは完全に野菜だけなんだけど、それだけだと味気ないので、オリーブオイルと唐辛子でちょっとピリ辛に味つけしたカペッリーニをのせたら、ますます野菜が好きになった。その

あと、ポトフも食べられるようになった。ポトフは牛肉やソーセージも入るから、当然、君の大好物に加わるよね。

　今日作るラタトゥイユの冷製カペッリーニ添えは、前菜として美味しく食べられるし、ちょっと豪華にも見える。というわけで、さっそく作ってみようか。

　ラタトゥイユというと、野菜をざっと炒めて煮込んだものと思われがちだけど、この作り方のポイントは、野菜を個別に炒めることにある。野菜を1種類ずつ、オリーブオイルでしっかり炒め、個々の味を凝縮させる。それを鍋で合わせ、煮込む。この一手間を怠らないことで味が全然違ってくる。

　メインの野菜は、なす、パプリカ、ズッキーニ、トマト、玉ねぎなどがあればいいよ。野菜はだいたい同じくらいの大きさに切りそろえないといけない。アクが強そうななすは、切ってから少し塩を加えた水に5分ほど浸けてアク抜きをしておくように。

　厚手の鍋にオリーブオイル大さじ1をひき、つぶしたにんにくを入れる。弱火にかけてオリーブオイルににんにくの香りを移すんだ。ここまではペペロンチーノなんかと同じだね。次に、玉ねぎを入れて炒め、透明になったら塩ひとつまみを振り、とりあえず一度、火を消しておく。

　フライパンにオリーブオイルを多めにひいてなすを炒める。なすは火が通ると吸った油がじわっと表面に出てくるので、そのタイミングで塩ひとつまみを振り、先の玉ねぎの鍋に移す。

　ズッキーニ、パプリカも同じようにフライパンでそれぞれ別々にオリーブオイルで炒めて塩を振り、火が通ったら玉ねぎ＆にんにくの鍋に移して、どんどん仲間入りさせていく。な、面白いだろ。これがコツだ。最後にトマトもフライパンで火を通し、皮が

はがれてきたら菜箸やトングで取り除いてから、ぼくも入れてく
れ〜と騒ぐ前に、鍋に移す。料理はなんでも、楽しんでやれ。楽
しんで作ったものは間違いなく、美味しくなる。

　鍋の中の野菜を混ぜ合わせて蓋をし、15分ほど弱火にかけ、全
体を馴染ませる。塩、こしょうで味をととのえたら、ラタトゥイ
ユは完成。1日置くとさらに美味しくなる。冷蔵庫で寝かせよう。
寒いところが大好きな連中なんだ。

　カペッリーニは塩を入れた熱湯で1分40秒ゆで、ザルに上げて
冷水で締めてよく水気を切る。ザルに麺を押しつけるようにして、
水は完全に切るように！

　ボウルに移したらオリーブオイル大さじ4を振りかけ、塩、こ
しょう、エスプレット（あまり辛くない唐辛子。エスプレットが
ない場合は七味でも）で味つけし、ラタトゥイユと一緒に盛りつ
けよう。ラタトゥイユの真ん中に、くるくると丸めてのせるとな
かなか見栄えもいいんだよ。ほらね。

[材料]（2人分）
オリーブオイル ─────────適量
にんにく ───────────2片
玉ねぎ ────────────小1個
なす ─────────────1本
ズッキーニ ──────────1本
パプリカ ───────────1個
トマト ────────────2〜3個
塩、こしょう ──────────適量
カペッリーニ ──────────120g
エスプレットや七味唐辛子など ───適量

スモークサーモンとほうれん草のパスタ

Pâtes au saumon fumé et aux épinards

　君が一人暮らしをしたら、まず、間違いなく一番作ることが多くなるのが、パスタ料理だろうね。辻家でよく使われているのが、太麺で歯ごたえのしっかりとしたバリラ（Barilla）社の「スパゲットーニ No.7　1.9mm」だ。

　でも、覚えているかな?　君が小さい頃は、ディ・チェコ（DE CECCO）社の細麺、フェデリーニが多かった。日本のイタリアンレストランでよく出るのがフェデリーニなんだけど、フランスで探すのは大変。好みの問題だね。パパはスパゲットーニをよく使う。

　スパゲットーニの箱に書いてある「COTTURA 11 MINUTI」は、11分のゆで時間を意味する。COTTURAは「調理」「料理」という意味のイタリア語。まあ、調理にこのくらい時間かかるよね、ということだ。で、君が好きなアルデンテにしたければ、それより短い時間でということになる。

　フェデリーニには6分のゆで時間と表記されているけど、パパが好きなのは3分45秒ジャストなんだ。こだわりのアルデンテ!

　君は3分45秒ジャストのフェデリーニを食べて大きくなった。覚えておくといい。自分の好きなゆで時間を探すのがパスタを制する早道だからね。

　今日は、クリーム系パスタの王道中の王道、スモークサーモン

とほうれん草のパスタの作り方を学ぼうか。クリーム系のパスタは、ソースにパスタを和えて完成する、と思っておくといいよ。絡めるんだよ、人間関係みたいに。笑。簡単だし、ゆで上がった状態のパスタの持ち味を壊さないので、好きな調理法でもある。

　まず、ほうれん草を数十秒サッとゆでたら、水にさらし、適当なサイズにカットして水気をしっかり絞って脇に置いておく。
　次に、いつものように、にんにくをつぶしてだな、フライパンの中心に置いて、オリーブオイルを大さじ1〜2くらい回しかける。弱めの火でにんにくの香りがオイルに移るのを待つ。にんにくがかすかに色づいてきたらオッケーだ。

　市販のスモークサーモンを大き目にカットして、フライパンに加える。これは鮭でもいいけど、仕上がりが全然違うから、できればスモークサーモンでやろう。ほうれん草も同時に入れてしまう。スモークサーモンはあまり火を入れたくないから、とにかく、ここはスピーディに。
　白ワインを入れて火を強め、アルコール分を飛ばしたら、生クリーム、サワークリーム、めんつゆ、バターを入れる。塩、こしょうで味をととのえたら、クリームの完成だ。

　大事なのは、この時に麺がゆで上がっている必要があるから、逆算して時間調整をし、同じタイミングでゆで上がるように持っていけるといいね。スモークサーモンを入れたくらいのタイミングで、パスタをゆではじめるといいかも。パスタは、たっぷり（2人分なら2ℓくらい）のお湯に塩を大さじ1強加えてゆでる。
　頭の中で、完成までの手順を思い描きながら、同時進行させる。でも、最初からは難しいので、どっちが優先かといえば麺だから、

ソースを先に作っておこうか。パスタは待たせちゃダメだから、先にクリームソースが完成したら、超弱火で保温して待機させておけばいい。

　ゆで上がった麺をクリームソースに入れて急いで和える。この時、ソースにゆで汁を大さじ2杯程度加える。黒こしょうが抜群の風味を出すので、最後に好きなだけ振ったら完成だ。今日はイクラがあるからイクラものせよう。これがね、スモークサーモンの燻製感とサワークリームの酸味とほうれん草の大地の味が混ざり合ってだな、最高なんだよ。
「どう？　最高だろ？」
「うん、わかった、早く食べようよ。今でしょ？　食べるの」
「その通り」

[材料]（2人分）
ほうれん草 ───────── 3株（150g）
にんにく ─────────── 1片
オリーブオイル ──────── 適量
スモークサーモン ────── 150g
白ワイン ─────────── 100㎖
生クリーム ───────── 30㎖
サワークリーム ─────── 70g
めんつゆ（3倍濃縮）───── 大さじ1
バター ───────────── 10g
塩、こしょう ──────── 少々
スパゲットーニ ─────── 180g

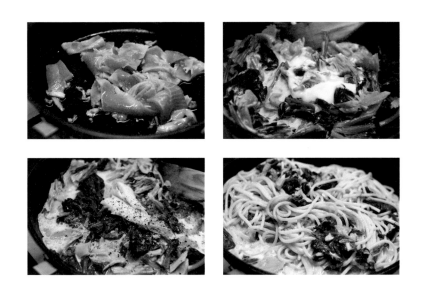

ボロネーゼ
Ragù alla bolognese

　英語とかポーランド語では「ボロネーズ」だけど、本場イタリアでは「ボロネーゼ」。正確には、ラグー・アッラ・ボロニェーゼ（ragù alla bolognese）となる。

　ボロネーゼって、地域で味や作り方もまちまちだし、イタリア家庭一軒一軒で味が違うし、なんなら、その日の気分でぜんぜん違ったボロネーゼが出来る。正直、パパの作るボロネーゼは、パパのその日の気分と、あとは冷蔵庫さんとの相談で決まる。そのくらい、言ってみれば残り物の処分に最適でありながら(笑)、めっちゃうまい一品だからさ、主夫であるパパは助かっている。

　君が結婚して、子供を育てないとならなくなったら、作ってやればいいんだよ。「パスタは父ちゃんのがいい」と子供たちに言われると、嬉しいもんだ。フライパン重いしな。君は身体もでかいし、パスタ向きだ。

　実は、気づいてるかもしれないけれど、パパは2種類の作り方をする。パスタの上からかけるスタイルと、鍋の中にパスタごと入れて、ぐちゃぐちゃ混ぜて出す2パターンだ。どっちもうまいし、使う材料は同じ。胃袋に入っちゃえば一緒だけど、大事なのは、やっぱり味わう時の歯ざわりとか、旨味の広がり方とかだから、まあ、気分でどちらかを選択することになる。

　先週、君に作ったのは、上からかけるタイプだけど、それは平麺のラザニェッテで作ったから。この麺は日本のきしめんのよう

に、もちもちした歯ざわりを大事にしているし、それだけでもご馳走になるような麺だから、上にかけて両方の食感、味を楽しんで、最後に混ざっていくのをもう一度楽しめるという寸法で、文句なし。

　でも、普通のスパゲッティで作るならば、「イタリアのママ風」とパパが呼んでいる、煮込んだボロネーゼソースの中にゆで上がったパスタをぶっ込んで食べるスタイルもうまい。

　ボロネーゼの起源をたどると、昔、フランスの煮込み料理をゆで上がったパスタにかけて食べたら美味しかった、という時代にさかのぼるので、本来は上にかけて食べるのが王道なんだろう。君が小さい時に連れて行ったボローニャ地方のレストランもこのスタイルが多かったね。

　でも、料理は歩く歴史だからさ、時代や地域やママたちの工夫で鍋にパスタを入れて混ぜた方が子供たちは食べやすいとか、変遷をたどることになる。ああ、そういう意味では、イタリア人にとってスパゲッティはママの味だね。

　じゃあ、作ってみよう。まず、野菜は粗みじん切りに、にんにくはつぶしておく。このみじん切り加減で家庭それぞれの違いが出てくる。

　鍋にオリーブオイル大さじ2を入れ、にんにく1片と野菜を弱火でじっくり炒めていく。じっくりと、玉ねぎがしんなりするまで炒めるのがコツだ。

　ボウルにひき肉を入れ、塩、こしょうして手でこねる。冷やした肉の方が粘り気が出る。それをまな板の上に広げて平たく伸ばしておく。

　次に、フライパンにオリーブオイル大さじ2をひき、つぶした

にんにく1片を入れて弱火にかけ、ゆっくりと香りを出す。香りがオリーブオイルに移ったらにんにくを取り出す。そしたらフライパンにまな板のひき肉を入れ、強火で片側が少し焦げるくらいまで焼いていく。焦げ目がついたら裏返して裏面もよく焼き、赤ワインを回しかける。今日はパパが口に合わなくて捨てずにとっておいたワインを使おう。

　木べらでほぐしながら焼いていく。焦げたところこそ旨味なので、フライパンからこそげ落としながら、丁寧に大胆に豪快に焼け！

　焼いた肉を、野菜の鍋に入れる。トマト缶を加え、ワインをここで足してもいいよ。濃厚さが違ってくる、お好みでって感じだな。

　肉をほぐしながらよく混ぜ、弱火で30分ほど煮る。必ず、煮込むことが大事だ。実はボロネーゼは煮込み料理なんだよ。そして煮込んだ後、お好みで、ケチャップ、醤油、砂糖など（材料A）を加えて味をととのえる。

　ボロネーゼの3分の1量を取り出し、残りのボロネーゼの鍋の中にゆでたてのパスタを入れてよく混ぜる。皿に取り分け、上に残しておいたボロネーゼをのせ、パルミジャーノやパセリを振りかけたら完成だ。こうすると二つのスタイルのうまいとこ取りになるってわけだ。

　さあ、喰おう！

[材料]（4人分）

にんじん	1本
玉ねぎ	中2個
セロリ	2本
にんにく	2片
オリーブオイル	適量
牛ひき肉	400g
塩	小さじ1/2
こしょう	少々
赤ワイン	1カップ強

トマト缶	400g
パセリ、パルミジャーノ	適量
お好きなパスタ	320g

A
ケチャップ	大さじ1
醤油	大さじ1
砂糖	小さじ2
塩、こしょう	適量

ボンゴレ・ビアンコ
Vongole bianco

　人間はポジティブでなきゃいけないって言うけどね、まぁ、その通りだ。でも、そうは言っても、そう簡単にポジティブになれるんなら誰も苦労はしないわけだよ。

　人間というのはポジティブな時もあればネガティブな時もある。一生、ネガティブな人だって大勢いるんだ。わかるだろ？　むしろ、ずっとポジティブな人よりも多いかもしれない。

　ちょっと想像してごらん。ここに、グラスがあって、誰かがそこにジュースを注いでくれたとしよう。いいか、それはちょうど半分の量だった。それを見て、君はどう思う？

　「え？　半分しか注いでくれないの」とがっかりするならば、君はネガティブな人間ということになるね。

　「え、嬉しいな。りんごジュース大好物なんです」と、量の多い少ないとは関係なしに喜べるなら、ポジティブってことになる。

　パパ？　パパは、もしそれが好物のワインだったとしたら、ちょっとだけ不満かもしれないな。笑。もっと飲みたいと思うはずだ。飲んでもいないくせにね。

　でも、これも考えようで、実は、パパはネガティブな自分が嫌いじゃないんだよ。グラスに半分注がれたワインを見て満足していたら、それ以上のワインは手に入らないわけだから。

　不満や文句があるということを向上心と捉えるなら、ネガティブであることも、まんざら悪いわけじゃない。面白いよね、人間

の欲望の回路って。

　人生は出来るかぎりポジティブで、でも時々ネガティブくらいがちょうどいいのかもしれない。一生ポジティブというのも疲れるからさ。ま、気楽にやりなさい。

　さて、今日は君もパパも大好きなボンゴレスパゲッティの作り方を教えよう。それもただのボンゴレじゃない。最高に美味しい作り方なんだ。題して、「こだわれボンゴレ！」。

　まず、あさりは殻の表面の汚れを取るため、ごしごしと貝をこすり合わせるようにして洗わなきゃならない。石がぶつかる音が響き渡るような感じだ。

　こだわりの１。濃度３％の塩水であさりの砂抜きをしよう。３％というのは、500mℓの水に塩大さじ１を加えたくらいだ。バットにあさりを並べ、あさりの頭がちょっと出るくらいまで塩水を入れ、キッチンペーパーなどでふんわり蓋をして薄暗い場所に置いておく。スーパーや魚屋さんで買ったあさりならば２時間くらいで大丈夫。この砂抜きをきちんとやることが超大事。いいね？

　続いて、こだわりの２。にんにくは超みじん切りにするべし。粒が最小になるくらい、これでもかというくらいに切り刻む。最後は叩いてちょっとネバッと、ペーストに近づくくらいがベストだ。ペペロンチーノでも同じだけど、イタリア人はここに一番こだわる！　時間がかかるよ。だいたい７〜10分くらいはみじん切りにかけなきゃならない。

　次に、大きな鍋に多めのお湯を沸かして塩を加え、タイミングをみてリングイーネを投入。指定されたゆで時間よりちょっと早めに上げることが大事だ。１分半くらい早く上げてアルデンテに仕上げることがこだわりの３になる。

パスタをゆでるのと同時進行で、フライパンに種を取った赤唐辛子とにんにくを入れ、オリーブオイルを回しかける。オリーブオイルの量は、にんにくを中心に回しがけしていき、水たまりが出来る感じ、くらいに思っておくといい。

　弱火で香りをオイルに移していく。これはパスタの基本ね。にんにくが香ばしく色づいてきたら、よく洗って水気を切ったあさり、パセリを投入。それから白ワインを回しがけし、蓋をかぶせて火を中火にし、蒸し焼きにするんだ。

　あさりが次々に開いてきたら少し火を弱め、煮詰めていく。ゆで上がった麺をここでフライパンに移して火力を強くし、混ぜ合わせよう。そこにお玉で軽く2杯くらいのゆで汁を加える。これがこだわりの4になる。乳化作用を起こし、とろみが宿って美味しくなるんだな。最後に塩、こしょうで味をととのえる。

　あさりの汁とパスタが絡み合って最高にうまい、辻家のボンゴレの出来上がりだ。おすすめのパスタはリングイーネだけど、スパゲットーニでもいい。パパはスパゲットーニでやることが多いかな。

　さて、君はコップに半分のりんごジュースで、パパはグラスに半分の白ワインで、美味しく食べることにしよう。

[材料]（2人分）
あさり —————————— 450g
にんにく —————————— 2片
赤唐辛子 —————————— 2本
オリーブオイル —————— 適量
乾燥（もしくは生）パセリ —— 大さじ1
白ワイン —————————— 100㎖
塩、こしょう ———————— 適量
リングイーネ ——————— 160g

有頭海老のパスタ
Pâtes aux crevettes

「人間って、男も女もやっぱ中身なんだな。外見がどんなにかっこよくても、いいか、辻、中身のない人間だと三日で飽きるよ」

　こう言ったのはパパがはじめて仕事をしたレコード会社の人だった。その時、パパは22歳で、そんなことを言ってくれる大人が周りにいなかったので、とっても新鮮な意見だった。

　それ以降、人間、中身が大事なんだって、思って生きてきた。これは実は料理の食材だって同じなんだ。やっぱり中身のある食材で作った料理は美味しい。

　今日は海老のパスタの極意を君に教えるけど、普通、みんな海老っていうと海老の身をイメージする。でも、いいか、海老の一番海老らしく、うまくて広がりのある部位は、香りを持っている頭部、海老味噌なんだ。

　日本だと、有頭海老という言い方をする。頭が付いた海老のことだよ。フランスだと、ほら、マルシェでゆでたものを「ゆで海老」として売ってるだろう。こっちではマヨネーズをつけて食べるのが一般的だけど、あれを使う。フランス人も、頭をみんな捨てちゃうんだけど、一番うまい中身を捨てているようなものだ。

　パパは、これを捨てずに、めっちゃ美味しいパスタを作る。フランスでは昔、大トロも捨てていた。日本人がそれを漁りに来るので、フランス人はやっと大トロの良さに気がついたんだ。これ、本当の話。

日本ではゆで海老ってあんまり売ってないから、この間、日本で友だちの家に呼ばれた時は、魚屋で有頭の生海老を買って持って行って作ったよ。生の海老を使う場合は、まず頭をもぎ取り、身の部分だけ殻付きのままゆでる。ゆで方は、沸騰したお湯に塩をたっぷり目に入れ、海老を投入するだけ。

　１分ほどゆでたら火を止めてそのまま冷ましてから取り出し、背ワタを取って、縦半分に切っておく。とりあえず、これで準備オッケー。

　パスタ料理のはじまりは、フライパンににんにくとオリーブオイルを入れることからだったよね。にんにくは細かくみじん切りにし、輪切りにした唐辛子と一緒に、弱火でじっくりとオイルに香りを移していく。ここまではペペロンチーノと同じ工程になる。

　香りがほのかに立ってきたら、みじん切りにした玉ねぎを加えてよく炒める。

　次に、ここに海老の頭を入れて、木べらなどで崩しながら中の味噌を出す。ぐいぐいと押しつぶしていく。すると中身がにじみ出てくる。これがこのパスタの旨味の元になる。わかるか？　これがダシなんだ。

　白ワインを加えて火を強めてアルコール分を飛ばし、トマトペースト、プチトマト、水100㎖を加えたら蓋をして、弱めの中火で少し煮込む。どのくらいかな、30分くらい煮込めばいい。

　有頭部分からもだが、もちろん、殻からもダシが出る。余すところなく中身を引き出すんだ。海の味がそのままパスタの中に浸透していく。美味しくないわけがない。

　30分ほど煮込んで海老からダシがよく出たら、一度、海老の頭部を全部ザルなどに取り出し、もう一度、木べらでギュッギュッ

[材料]（2人分）

有頭海老	300g
にんにく	1片
赤唐辛子	1本
オリーブオイル	適量
玉ねぎ	中1/2個
白ワイン	100㎖
トマトペースト	大さじ1
プチトマト（あれば）	10個くらい
生クリーム	50㎖
レモン	1/4個
塩、こしょう	適量
お好きなパスタ	180g

とつぶしてだな、残っている最後の一滴まで搾り出せ。だって、もったいないからね。ここがうまいんだから、最後の最後まで全部搾り出して、ただの抜け殻にしてやるんだ。

そしたら、そこに生クリームを加えて弱火で温め、最後にギュッとレモンを搾る。

パスタを少し硬めにゆで、ゆで上がったらソースの中に投入し、少し煮込むような感じでソースを絡ませていく。見ろ、うまそうだろ？

ここで、ゆでた海老の身の登場になる。でも、はっきり言うと、海老の身はスターじゃない。スターは海老の味噌だ。海老の身は絡まったソースをさらに美味しくさせる食感に過ぎない。いや、ちょっと言い過ぎたけど、頭と体のコラボってわけだ。中身もよくて外見もかっこいい、パパみたいなイメージだな。なに笑ってんだ、てめー。

ゆでた海老を加えたら、海老が温まるくらい火を入れ、塩、こしょうで味をととのえ、仕上げにオリーブオイルを回しがけして完成となる。余計なものは一切入れず、海老のダシだけで作るパスタなんだけど、これこそが本場イタリアの味だ。有頭海老はちょっと高価だから、クリスマスとかお祝いの時に作るのがいい。パパが日本で暮らしていた時は、正月に出た海老が必ず残るので、それで作っていた。ものには美味しい食べ方というものがある。さぁ、喰うか！

ミントと松の実の蕎麦サラダ

Salade de nouilles soba à la menthe et aux pignons

　君は育ち盛りだからね、常に野菜不足というか、できればもっ
と野菜を食べてもらいたいってパパは思ってきた。ま、親心だね。
そこで、野菜をたくさん摂取でき、しかも美味しい、蕎麦サラダ
を考案した。しかもね、ミントの抗菌作用が抜群なんだ。

　え？　なんだよ、その顔。ミントがダメか、なるほど……。パ
パはほら、ちょっとだけ、高齢気味な年ごろじゃん？　なんで、
そこ、笑うところじゃないよ。まあいいけど、だから、コロナが
流行しはじめて以降、免疫力アップを心掛けている。

　とくに意識して食べているのは、味噌や納豆、チーズ、ヨーグ
ルトなどの発酵食品、緑黄色野菜、海藻、きのこ類などかな。そ
の中に含まれるビタミンAやE、亜鉛、マンガンなどのミネラル、
鉄分、ポリフェノールなどが免疫力アップに効果が高いとされて
いるんだ。ミント、松の実、そして、蕎麦も身体にはとってもい
い。今日は、これらの免疫力アップに役立つ食材を使うよ。

　え？　あのね、だまされたと思って食べてごらん。パパが作る
んだから、絶対に美味しいから。ミントかい、と思う気持ちもわ
かるけど、欧州人はアラブ系食文化の影響を受けているせいか、
ミントを料理に使う割合が、日本に比べると圧倒的に高い。なぜ
なら、ミントには抗菌作用だけじゃなく、頭痛とか痛みを和らげ
る作用もあってね。ほら、パパは頭痛持ちだから、欠かせない。

　昔、君と旅行していた時に、ホテルのおじさんが「頭痛持ちな

らミントティーを飲め」と教えてくれたことがあったけど、覚えてる？　そうだ、トルコのイスタンブールのホテルだったね。ミントティーには砂糖が入る。この甘味がさらに心の安寧をもたらしてくれるんだよ。

　パパはミントを必ずサラダパスタに入れる。これ、信じてほしい。健康であるためには、必要なものを美味しく体内に摂取することが大事だ。コロナ禍のこの時代、ワクチンに頼るのは仕方ないけれど、その前に食生活で免疫力や体力をつけることも大事だ。ま、グダグダ言ってないで、さっそく、作ってみるか。

　まず、フライパンに赤唐辛子（種を取っておく）を入れてオリーブオイル小さじ1くらいを振りかけ、弱火でオイルに辛味を移したら、なすを入れて焼いていく。
　なすに火が通りはじめたら、その脇のスペースで松の実と砕いたくるみを炒る。もちろん別々でもいいけど、パパは横着だから一緒にやる。松の実は独特の食感と風味があり、入れると美味しくなるよ。
　各野菜は丁寧に洗い、食べやすいサイズにカットし、ボウルに入れる。オリーブオイルを回しかけてよく和える。そこに、炒めたなす、赤唐辛子、松の実、くるみを入れて、さらに和える。ごま油、めんつゆ、米酢を混ぜたドレッシングを作って半量ほどを加え、よく馴染ませる。

　蕎麦をゆでて水で冷やし、野菜とは別のボウルに入れて、オリーブオイルと残りのドレッシングを加え、塩で味をととのえる。
　お皿に、まず蕎麦を取り分け、その上に野菜をのせ、最後にミントを散らす。ミントは最初の野菜ボウルの中にも少し入れたほ

うがベターだね。できればそっちはみじん切りに。

　味が薄ければ、フルール・ド・セル（塩の華）などを振りかけるとさらに美味しくなるよ。パパはここに味変として、気分を変えたい時は、中国の花椒（ホアジャオ）などを足す。

　このサラダ蕎麦の一番の特徴は、やはりミントが持ち込むさわやかな広がりだ。抗菌作用に優れた味であることは、食べれば一食瞭然。

　親子で蕎麦好き、しかも、小さい頃は野菜を食べられなかった君が、今や野菜大好きな青年になった。野菜をたくさん食べる。これが身も心もきれいになるための秘訣だね。

[材料]（2人分）

赤唐辛子 ——————————— I〜2本（あまり辛くないもの）
オリーブオイル ——————— 適量
なす ————————————— I本
松の実 ——————————— 25g（お好きなだけ）
くるみ ——————————— 25g（お好きなだけ）
生野菜 ——————————— 適量（今回使ったのは、セロリ、クレソン、ミズナなど）
ミント ——————————— 6g（お好きなだけ）
ごま油 ——————————— 大さじI（香りづけなので少なくてもいい）
めんつゆ（3倍濃縮）——————— 大さじI
米酢 ————————————— 大さじI
塩 —————————————— 少々
蕎麦 ————————————— I80g

煮込みハンバーグ
Ragoût de boulettes de boeuf

　人間は悩む生き物だから、君が進路の問題で悩んで苦しんでいるのは、逆に言えば、君がとっても人間として正しい道を歩いているということだよ。そして、今、君の前にある分かれ道こそが、人生の十字路ということになる。

　パパも、いくつものクロスロードで悩み、迷い、立ち止まってきた。そういう時、パパは、自分にとって一番幸せになるだろう道を選んだ。右か左か悩んだら、どっちが成功の近道かで選ぶのではなく、いいか、どっちが自分を最終的に幸せにするかを基準にしていくんだ。

　おおよそ、この選択は間違いない。おおよそ、でいい。きっちり決め過ぎて逃げられなくなるより、だいたい、おおよそ、でじっくりと人生を仕上げていけ。君にこの方法を押し付けるつもりはないけれど、人生には決して近道なんてものはない。

　自分の幸せを思い描いていけば、必ずたどり着ける場所がある。

　あのね、パパが煮込み料理が好きな理由を教えよう。

　人生を風味豊かにしてくれる料理法だからだよ。誰が発明したのかはわからないけれど、肉の煮込みなどは、煮込めば煮込むほどに美味しくなる。ものによっては煮込み過ぎちゃいけないものもある。どんなものにも加減というものが関係してくる。手加減すると言うだろう？　あの加減だ。

煮込み料理というのは先輩たちが何度も失敗をしてだな、ちょうどいい煮込み時間を見つけた。硬い肉でも適切な煮込み時間を与えてやることでトロトロになる。

　不思議だけど、7時間を必要とする肉、3時間半かかる肉、30分でいい肉など、人によって説得する時間や労力が違うように、ふさわしい時間というものがある。まさに人間と同じだ。でも、説得され、納得した人たちとの和解というのは素晴らしい。煮込み料理は人間関係に似ている。

　パパは煮込み料理をしながらツイートしたり、エッセイを書いたり、ギターの練習をしたりするんだ。パパの生き方にも合っている。

　今日は君に煮込み料理を教えよう。

　最初にやらなければならないのは、やっぱり玉ねぎだ。どの料理もこの玉ねぎが重要なつなぎ役になる。いつものようにフライパンにオリーブオイルをひき、みじん切りにした玉ねぎを色づくまで炒める。やってみろ。もうできるだろう。

「焦がしちゃダメだけど、あめ色だっけ？」

「そう、あめ色だよ」

　よし、いいぞ。そしたら、ボウルをとってくれ、大き目のやつがいい。ボウルにひき肉、卵、牛乳に浸したパン粉、あめ色の玉ねぎを入れ、塩、こしょうしてから手で混ぜ合わせ、肉団子を作っていく。

「前から思ってたけど、手って、汚くない？」

「よく手を洗ってやれば大丈夫。どうせ、火が入る。なにより手でこねるのが大事だ。ヘラでやると混ざり切らない。人間関係と一緒だ。人と人の間に入って調整する時は心から入り込まないとならないだろ。丁寧に丁寧に具材を手で混ぜてだな、争いを鎮め

ていくような気持ちでやれ」

「オッケー」

いいね、そしたら、小さなボールにしていく、手毬のおにぎりを作るような感じ。ころころ、ころころってね。丸めたら、軽く小麦粉（分量外）をはたいておく。だいたい10〜15個くらいできるかな。好きな大きさにしていいけど、あんまり小さ過ぎると味や風味がボール内で回らないから、このサイズがいい。

鍋に多めのオリーブオイルをひいて、刻んだにんにくとアンチョビを入れる。ほら、スペインに行った時に食べたアヒージョだ。オイルの中でアヒージョにする感じ。弱火でまず香りを移す。アンチョビは熱で自然に溶けていくから、切らずに菜箸でつつくだけでいいよ。

いい具合だ。そしたら中火にして、いよいよ肉団子を一つずつ入れていく。転がして全面に焼き色をつけたら、白ワインを回しがけし、火を強めてアルコール分を飛ばす。

続いてトマト缶を投入し、ビーフブイヨンと水をヒタヒタになるまで加えてからローリエ1枚を入れ、静かにふつふつするくらいの火加減で20分程度煮込むんだ。この20分がとっても大事だよ。そしたら、醤油で味をととのえて、生クリームでちょっとお化粧のし直しをしよう。

煮込んでいる間に味が回って染みて美味しくなっていく。ほだされた肉が納得し、和解し、丸くなっていく。途中、肉団子が崩れないように優しく木べらなどで具材を回し、トマトを崩しながらソースが馴染むようにしたらいい。

ゆでたパスタに煮込みハンバーグを添え、パルミジャーノチーズを振りかけたら、完成だ。

「うまそう！」

「分かれ道に立ったら、焦らずに一度、煮込みハンバーグでも作ってみろ。時間が君に生きるヒントをくれるはずだ。何より、美味しいハンバーグで幸せになれる。さ、喰うか！」

[材料]（2人分）

玉ねぎ	中½個
オリーブオイル	適量
牛豚合いびき肉	250g
卵	1個
パン粉	¼カップ
牛乳	少々（パン粉を湿らせるくらい）
塩、こしょう	少々
にんにく	1片
アンチョビ	1枚
白ワイン	50㎖
トマト缶	400g
ビーフブイヨン	½個（少量の水で溶いておく）
ローリエ	1枚
醤油	小さじ2
生クリーム	大さじ1
パルミジャーノチーズ	適量
お好きなパスタ	160g

ポトフ
Pot-au-feu

　本当に美味しいものを食べたいと思うならば、時間をかけないとダメだ。料理は愛情の結晶だからね、愛情は時短では作れないからね。煮込み料理はとくに、時間と愛情と根気の産物だ。

　忙しいからといって時短料理に頼ってしまうと、結局、本当に美味しいものから遠ざかっていく。残念なことだと思うよ。時間をかけることは、別に大変なことじゃない。煮込み料理は、材料を鍋に入れたら、後は放っておけばいいのだから。ちょっと気長に料理と付き合う気力だけがあればいい。時間が、最高に美味しいものを作り上げてくれるんだ。

　高級食材を買わないと美味しいものが作れないというわけじゃない。時間をかけることが出来れば、そこまで高級じゃなくても、高級食材に負けない味を引き出すことが可能になる。本当だよ。

　パパは毎日、八百屋に行き、魚屋に行き、肉屋に顔を出して、買えるお金の範囲内でだけど、一番いい食材を選んで、時間と愛情を注ぎ込み、どんなレストランにも負けない味を作ってきた、自負がある。多分、君は本当に美味しいものをちゃんと嗅ぎ分けられる青年になっていると思うよ。

　何が美味しいかをわかることは、生きるうえでとっても大事なことだ。それは人生を豊かにする。ああ、これは農家の人が一生懸命時間と愛情をかけて育てた食材なんだな、と気づける人間であってほしい。

君は、食べものを粗末にしない、きちんと全部残さず食べきるじゃないか。それは、料理をし続けてきたパパにとって、何よりの誇りでもある。お茶碗に米粒が一つも残っていないのを見るたび、心の中でガッツポーズをしてるんだよ。

　今日は煮込み料理の決定版、ポトフを作ろう。見た目はぜんぜんかっこよくない地味な料理だけど、この中には本当に美味しい野菜や肉のすべての旨味が詰まっているんだ。三ツ星レストランで出されることは滅多にないけれど、シンプルなのに豊かな味わいで、最高に美味しい家庭料理の主力選手でもある。

　じゃあ、一緒に作ってみよう。
　まず、肉だが、かたまり肉ならば適当な大きさにカットする。玉ねぎにクローブを刺し、肉と玉ねぎを鍋に入れ、ヒタヒタになるまで水を注ぎ、塩小さじ1、セロリの葉、タイム、ローリエを加えて火にかける。沸騰するとアクが出てくるのできれいに取り除き、そのまま静かにふつふつしているくらいの火加減で30分ほど肉と玉ねぎだけを煮るんだ。
　にんじん、かぶ、セロリ、長ねぎは大きめに切っておく。そして、かぶ以外の野菜を肉の鍋に加えて火を強め、沸騰したら再び火を弱めて静かにふつふつしているくらいの状態に持って行く。で、そこから1時間ほど、蓋をして煮込んでいく。煮込んでいる間に、別の鍋でじゃがいもをゆでておこう。

　野菜にしっかり火が入り、お肉が柔らかくなったら（肉は部位によって柔らかくなるまでの時間が異なるので、硬い場合はもう少し煮続ける）、かぶとじゃがいもを加える。塩、こしょうで味をととのえ、同じ火の加減でもう15分ほど煮たら、はい、完成。

簡単だろ？　大事なことは、必要なところに、必要なだけ時間を
かけるということだけ。それだけなんだ。

　本場、フランスのポトフの味つけは塩のみ。お肉と野菜から出
る旨味だけで、驚くほど美味しいよ。ディジョンマスタードをち
ょっと垂らして食べるといい。これこそ、幸せの味というものだ。

[材料]（4人分）
煮込み用牛肉（肩、すね、バラなど）——500g
玉ねぎ————————————— １個
クローブ————————————3個
乾燥タイム————————————小さじ１
ローリエ————————————2枚
にんじん————————————2本
かぶ—————————————3個
セロリ—————————————１本
長ねぎ—————————————１本
じゃがいも（メークイン）—————4個
塩、こしょう————————————適量
ディジョンマスタード————————お好きなだけ

＊クローブは硬くて香りの強いスパイスのため、後で取り除きやすいように、玉ねぎに刺
　しておきます。

81

チキン・ココナッツ・カレー

Curry de poulet au lait de coco

　パパが料理を作る時に一番大事にしているのは、塩なんだ。だから、我が家にはさまざまな種類の塩がある。料理によって塩を使い分けているからね。で、その次にこだわっているのがスパイスだよ。塩が命だとすると、スパイスはヒューマニティ、人間性とか個性のようなもの。塩でしっかりとベースを固めて、スパイスで変幻自在に操っている感じ、かな。

　フランスにはスパイスだけを扱っているお店がある。「エピスリー」のことだ。パパが渡仏したばかりの約20年前、うちの近くにあったエピスリーにパパは入り浸るようになる。料理人でもないのに、その香りに魅せられてしまうんだ。

　こんなに世界にはスパイスがあるんだって、仰天した。そして、楽しくなった。もっと世界のスパイスを研究して、自分の味を作りたい、極めたいって思うようになった。面白いよね。でも、君にはわかるだろ？　パパの料理の翼は、このスパイスたちが担っている。

　そのスパイス屋さんには、入るとまず、何種類もの黄色い粉が入った瓶が並んでいた。それが後で知ることになるのだけど、すべてインドからやって来たスパイスたちだった。クミンとか、コリアンダーとか、ターメリック、チリペッパー、オールスパイス、カルダモン、シナモンなど、そうだな、20種類くらい並んでいたっけ。

これを調合して、カレー粉を作るんだ。カレーのルーには小麦粉が使われているけれど、小麦粉を使わなくても、自分が好きなスパイスを組み合わせることでグルテンフリーのカレーを作ることが出来る。

　すでに調合された市販のカレー粉もあるね。そういったカレー粉でも、美味しく作ることが出来るよ。市販のカレー粉に自分の好きなスパイスを加えれば、簡単に自分だけのカレー粉を作ることも出来る。

　インドには行ったことがないけれど、家庭ごとにいろいろな味があるみたいだ。君はカレーが大好きだから、そのうち、自分の味を作ったらいいよ。うちにも10種類以上のスパイスがあるから、遊びながら調合してみたらいい。

　今日は、本格的なカレーを作ってみよう。パパの味カレー、その名も、「チキン・ココナッツ・カレー」だよ。普通か！

　まず、鶏肉は30分くらい前に冷蔵庫から出して常温に戻しておく。厚手の蓋付き鍋を中火でよく温め、油はひかず、塩、こしょうした鶏肉を皮目を下にして入れる。はじめは肉が鍋にくっつくけど、焼けるとはがれるから、動かさずにじっくり火を通していく。こうして焼くと、皮をパリパリに焼くことができる。焼けたら、裏面も同じように焼こう。皮パリの鶏肉を見ていると、そのまま食べたくなるんだけど、そこは、ぐっと我慢して。これを煮込んでいくとさらに美味しくなるからね。

　きれいな焼き色がついたら、一度お皿に取り出してだな、鍋に残っている鶏肉から出た脂を利用しちゃう。その脂で、みじん切りにしたにんにく、しょうが、赤唐辛子、玉ねぎ、セロリ、にんじんを弱火で炒めていくんだ。

玉ねぎが透明になってきたら、カレー粉大さじ2、手元にある
スパイス（なければカレー粉だけでもオッケーだよ）、バター、
トマトペーストを加え、弱火でじっくりと火を通す。5分くらい
でいいかな。

　さて、そこに白ワインを注ぐ。ワインを注いだら、今度は強火
にしてアルコール分を飛ばす。そしたらここにココナッツミルク
を加え、よく混ぜる。すでに美味しそうだろ？　ここで、さっき
のを、戻す。そうだよ、ほら、それ、そこのチキン！

　チキンを鍋に戻したら、砂糖を入れ、レモンを搾って煮込む。
1時間ほど煮込んだら、塩、こしょうで味つけし、ヨーグルト大
さじ2を加え、味が馴染んだら塩で味をととのえて完成だよ。ほ
ら、めっちゃうまそうだろ。

[材料]（4人分）

鶏もも肉	500g
塩、こしょう	少々
にんにく	2片
しょうが	1片
赤唐辛子	1/2本
玉ねぎ	大1個
セロリ	5cm
にんじん	1/2本
カレー粉	大さじ2
スパイス	適量

（カルダモン、ガラムマサラ、シナモン、ターメリックなどをお好みで）

バター	10g
トマトペースト	大さじ1
白ワイン	大さじ3
ココナッツミルク缶	400g
砂糖	小さじ2
レモン	1/2個
ヨーグルト	大さじ2

＊鶏もも肉は、骨付きを使うとダシが出るのでおすすめです。手羽元でも作れます。

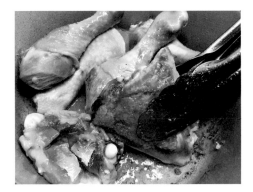

子羊のクスクス
Couscous d'agneau

　男の料理とかママの料理とかって区分けはパパにはわからないし、何が男らしいか女性っぽいのかも、よくわからない。でも、クスクスという料理だけは、なんていうのかな、ちょっとマッチョな野郎料理であることは間違いないね。

　日本人には馴染みがないみたいだから、日本でよく、「クスクスってどういう料理なの？」と聞かれるんだよ。そういう時、パパは「北アフリカのおでん」とか、「北アフリカのポトフ」って説明している。とっても伝統的で、家庭的で、気軽なもので、屋台みたいなところでも食べられるし、ね。クスクスの立ち位置は、まさに、おでんと一緒だよね。

　ある種のスープであり、ある種の煮込み料理でもあり、違いを聞かれれば、スパイスをふんだんに使うこと、羊肉を使うこと、トマトを上手に混ぜ込んでいる点かな。あと、アリッサを使う。そこがちょっと、おでんとかポトフとは違うところだね。アリッサは、おでんのからし、ポトフの粒マスタードのような役割。最近は日本のスーパーでも買えるようになった。コクがあって辛過ぎない、パパの大好きな唐辛子ペーストなんだ。

　おでんやポトフと決定的に違うのは、具材の入ったスープをカレーみたいにスムールにかけて食べること。スムールは、見た目はお米みたいにつぶつぶしているけど、実は小麦粉で作られた世界最小のパスタなんだ。

実はパパも境界線があいまいで、いつも、どこまでをクスクスと呼ぶのかわからないでいる。クスクスとはスムールのことだと言う人もいるし、スープも合わせてクスクスと呼ぶ人もいる。パパは、スムールに具材の入ったスープをかけたものをクスクスと呼ぶのが正解じゃないかと思うけど、自信がないなぁ。

　アルジェリアやチュニジア人の知り合いも、モロッコ人のユセフさんに聞いても、笑って「そんなの一緒だよ」と言う。混乱させちゃいけないから、今日は、パスタのほうを「スムール」と呼んで具材の入ったスープと区別し、合体したものを「クスクス」と呼ぶことにしよう。腹に入れば一緒だって？　たしかに！

　スムールは、さっきも言ったように、小麦粉で作られたパスタだ。しかも、胃の中で膨らむからね、ご飯のようにバコバコ食べてると後で大変なことになるぞ。今じゃ、このスムール、世界中、日本でもフランスでもどこでも手に入る。お湯で戻して食べる。カップヌードルみたいだけど、簡単で便利で、しかも、意外にっちゃ失礼だけど、パスタとも違う、お米とも違う食感で、実にうまい。

　パパはスムールに細かく刻んだ生野菜を混ぜて、サラダにして食べるのも大好き。いわゆるタブレと呼ばれる料理だ。ちょっとビネグレット（ドレッシング）をかけると最高、たまらない。

　じゃあ、さっそく作ってみよう。

　まず、羊肉は、どこの部位でもいいけれど、今回はもも肉の部分、フランス語で「ジゴ・ダニョー」と呼ばれるところを使うよ。日本では骨付きラムが多いけど、ま、どの部分でも美味しいよ。骨付きは煮込むとダシが出るから、いいんじゃないかな。

　ラム肉は一口大に切り、塩、こしょうをしておこう。料理をは

じめる前に仕込んでおくと、あとあと美味しくなるから、ちゃんとやっておくこと。料理はなんでも下準備が大事だ。

　厚手の蓋付き鍋（ル・クルーゼやストウブなど）に、つぶしたにんにくとオリーブオイルを入れ、弱火でにんにくの香りをオイルに移す。ここは、パスタの作り方と一緒だね。

　香りが出てきたら肉を加えて強火にし、焼き色をつける。マッチョな感じ、なかなかかっこいい。そしたら、大きめに切った野菜（ズッキーニ以外）を加え、ザザッと炒め合わせ、そこに水と塩小さじ2を入れる。水はヒタヒタになるくらい。野菜はその時あるものなんでもいいよ。にんじん、セロリ、ズッキーニ、玉ねぎ、大根、かぶ、じゃがいも、パプリカ、白菜やキャベツなど、ほんと、なんでもいい。

　次に、スパイス（輸入食材店などでクスクスミックスが手に入ればそれでいいけど、クミン、コリアンダー、パプリカがあればだいたいそれっぽい味になる）、チキンブイヨン、トマトペーストを加える。ズッキーニはここらへんで投下かな。で、沸騰したら弱火にし、蓋をして煮込む。

　だいたい1時間ほど煮込めばいい。最後に塩、こしょうで味をととのえる。流れとしてはカレーの作り方とほぼ一緒だよ。肉が羊で、スパイスをふんだんに使い、トマトが隠し味になり、ライスの代わりにスムールと覚えておくといいね。羊肉の代わりに鶏肉で作ってもいいけど、鶏肉は煮込み過ぎると硬くなってしまうので、やっぱり羊肉がベストだね。

　スムールはボウルに入れ、オリーブオイル小さじ1と塩少々を加え、スムールがヒタヒタになるくらいの熱湯を注ぎ、蓋をして

蒸らす。数分経ったらフォークなどで崩して、ほら、炊き上がっ
たご飯をしゃもじで混ぜるじゃない、あんな感じでざっくりと混
ぜたら、器に盛る。

　スムールの代わりに、パパは玄米で食べることが多いけど、い
や、邪道ってのはわかってるんだけどさ、ヘルシーだし、噛み応
えがあるし、個人的には玄米の方が好きかも。今度、食べ比べて
みようか？

　器に盛ったスムールや玄米に具材たっぷりのスープをかけて、
はい、完成。出来上がると自然に笑みが生まれる。みんながクス
クスッとなるからクスクスと言うんだよ、というのは嘘だけど、
笑いが起きるでしょ？　料理が苦手でもさ、一つくらい得意なレ
パートリーを持っておくとかっこいいよね。君もそのうち仲間た
ちを集めてパーティとかをやるようになるだろう。その時クスク
スが作れたら人気者になるぞ。笑。
　さあ、喰うか！

[材料]（4人分）

ラムもも肉	400g
塩、こしょう	適量
にんにく	2片
オリーブオイル	適量
かぶ	3個
にんじん	2本
セロリ	2本
トマト	2個
ズッキーニ	2本
スパイス	小さじ2

（クミン、コリアンダー、パプリカ、シナモン、クローブ、ジンジャーなどを混ぜて）

チキンブイヨン	1個
トマトペースト	大さじ1
メルゲーズソーセージ	4本
スムール	1〜2カップ（家族の胃袋に合わせて）

＊ラム肉がない場合は鶏肉でもいいです。

＊メルゲーズソーセージは羊肉と牛肉で作られたスパイシーなソーセージ。なければフランクフルトソーセージでも。グリルして最後に添えます。

グーラッシュ、牛肉のパプリカ煮込み
Goulash

　オーストリアのウイーンに最後に行ったのはいつのことだったっけ？　小学生の頃？　その時、メグリに教わったのが牛肉のパプリカ煮込み「グーラッシュ」だったね。

　辻家で牛肉の煮込み料理といえば、フレンチのブフ・ブルギニヨンじゃなくて、このグーラッシュだ。まぁ、同じような肉を使うし、だいたい同じ部類の料理ということになるんだろうけど、ブルギニヨンを作るより前から、辻家ではグーラッシュが牛煮込みの定番だった。冬になると辻家のテーブルに上る回数が圧倒的に増える。

　君がそんなにでっかくなったのは、このグーラッシュのおかげ。そして、そのレシピを教えてくれたのが、メグリだ。

　パパの従妹のメグリがオーストリア人のゲラルドさんと結婚したのは、君が生まれるよりもずっと前のこと。君が生まれた頃、欧州にはイギリスやドイツなんかに親戚がいたんだけど、みんな日本に帰っちゃった。で、今も残ってるのは、メグリとパパだけ。

　君は覚えているかな？　ゲラルドおじさんが遊んでくれたことを。優しいウイーン人のおじさんだ。遊園地にも連れて行ってくれたし、本物のピストルも見せてくれた。そうだ、彼はセキュリティの世界で生きるプロフェッショナルだからね。拳銃を常にスーツの下に持っている。あんなに優しい顔なのに、ウイーンのセキュリティの責任者なんだよ。君にとっては欧州にいる親戚とい

うことで、ちょっと心強い存在でもあるわけだ。

　メグリはウイーンで料理の先生をやっている。オーストリアの駐在員にはウイーン料理を、逆にオーストリア人には和食を教えているんだ。そのメグリ先生に習ったオーストリア料理といえば、シュニッツェルとこのグーラッシュ！　どっちもオーストリアを代表する料理だけど、実は、このグーラッシュ、発祥の地はハンガリーなんだ。

　ハンガリーでは「グヤーシュ」と呼ばれている。日本にも渡って明治時代にハヤシライスになった。君も大好きなあのちょっとカレーに似た牛肉の煮込み料理、実は東欧の料理が起源という説が有力なんだよ。

　林さんがリクエストして生まれたという説もあるけど、パパは、グヤーシュがハヤシライスになったんだって、信じたい。その方がロマンがあるものね。

　寒い日に食べるグーラッシュは、本当に温まる。心から温まる。とくにメグリ直伝のレシピは最高なんだ。じゃあ、一族に伝わる東欧の牛肉煮込み料理の作り方を、君にも教えてあげることにしよう。

　まず、厚手の蓋付き鍋にサラダ油を熱し、薄切りにした玉ねぎをあめ色になるまで炒める。ハンバーグなんかと一緒で、ちょっと時間がかかるけれど、根気よく炒めておくと仕上がりがぐっと美味しくなるからね。丁寧に、丁寧に。

　ここにパプリカパウダーを入れ、手早く全体に絡める。そしたら、水大さじ3で薄めた酢を加え、蓋をして蒸らす。5分ほど蒸したら、大きめ（5cm角くらい）に切り分けた牛肉を加えて炒める。塩、つぶしたにんにく、クミンパウダー、レモンの皮、トマトペ

ースト、ビーフブイヨンと水を250m𝓁程度入れて、そうだな、ヒタヒタになればオッケーだよ。煮込みの基本、ヒタヒタ！

　よく混ぜ、それから、重たい蓋をちょっとずらして煮込むといい。蓋のすき間を開けておくと、少しずつ水分が蒸発し、いい具合になる。肉が柔らかくなって、表面全体に赤茶色い脂が浮いてきたら、ほぼ完成だ。どれくらい煮込むかは肉の部位にもよるのだけど、牛すね肉などならば最低３時間くらい煮込むと美味しくなるよ。最後に塩、こしょうで味をととのえよう。

　とろみがもっとほしい場合は、水溶きのコーンスターチ（もしくは片栗粉）を適量入れると、さらにいい感じになるぞ。

　さぁ、出来た。ボナペティ！

[材料]（4人分）
煮込み用牛肉（肩、すねなど）————500g
玉ねぎ————————————中2個（500g）
サラダ油————————————適量
パプリカパウダー——————————25g
酢——————————————————大さじ1
塩——————————————————小さじ1
にんにく————————————————1片
クミンパウダー—————————————小さじ1/2
レモンの皮————————————ピーラーでひとむき程度
（有機栽培のものを。皮を薄くむいてみじん切りにする）
トマトペースト———————————大さじ1/2
ビーフブイヨン———————————1/2個（少量の水で溶いておく）

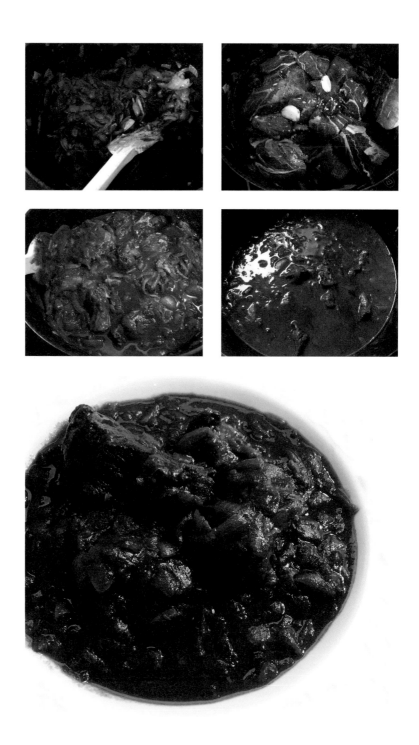

メンチカツ
Croquettes de viande panée

　パパはさ、君と45歳も年が離れているからね、時々、人生に疲れちゃうんだ。でも、親だから君をちゃんと育てるまではリタイア出来ないなって思い続けて、生きてきた。

　君と二人きりで生きることになった時、幸せって何だろうって、悩んだこともある。ご飯を作っている時とか、子供部屋の掃除をしている時とか、スーパーで買い物をしている時なんかに、ふっと頭を過って、よく立ち止まっていた。

　若かった頃は幸せなんてものは求めていなかった。でも、シングルになって君を育てねばならない宿命を背負ったあの日から、パパは絶対幸せになってやるって意地になっていた。君もうすうす感じていたとは思うけど……。笑。

　幸せってなんだと思う？　成功？　お金？　贅沢出来る暮らし？　愛する人がいることかなぁ？　パパはある時、幸せって、ふとしたと時に、え？　もしかしたら今、自分幸せなのかな？　って感じるものじゃないかって気がついた。幸せのただ中にいる時は、逆に気づきにくいものかもしれない。

　あ、そうだ。幸せって失ってはじめてあれが幸せだったのかな、と気づくものだったりするよ。あんまり欲張り過ぎていると見失いがちな、小さなものだったりする。

　二人で生きて8年目に入ったけど、パパは時々、君が小学生だ

った頃のことを思い出す。ほら、パパが君のバレーボールのコーチになって、特訓をやった時期があったじゃないか。家の前の広場で。「パパ、バレーボールやれる？」とよくせがまれた。

　君はバレーボール部員だった。強くなりたいからコーチしてって、頼まれた。面倒くさいなぁ、とは思ったけど、夕方、毎日特訓した。もうやらなくなったけど、パパはあの頃のことが忘れられない。たまに思い出す。

　君は一生懸命だった。中学生になるとバレーボールのパリ大会で銅メダル、銀メダル、そして、金メダルまで取って帰ってきた。あれは幸せな瞬間だったなぁ。紛れもない、我が人生の中で一番幸せな時間だった。

　形になるようでならないもの。目に見えるようで見えないもの。幸せってあまりにささやか過ぎて気がつきにくいものなんだよ。

　すごい賞を受賞した人とか大金持ちが幸せだとは、もう思わなくなった。昔の自分が追いかけていたものは賞状とか賞金とか栄誉とか成功が伴うものばかり。でもそれは達成感に過ぎなかった。幸福を勘違いしていた。幸せは達成感じゃない。人生という終わりのない旅の過程にある、休憩所だ。旅を振り返り、これから向かう旅への希望を噛みしめる場所だよ。

　苦しみから目をそらさずに生きなきゃ、とパパは自分にずっと言い聞かせてきた。いつも自分を戒めて生きてきたんだ。そうしたら、その苦しみの根本を理解できるようになってきた。日々のささやかな感動を喜びと感じるようになってきた。たとえば、料理とか、食事とか、君との会話とか……。

　君が少しずつ大人になっていく毎日をぼんやり眺めながら、これが幸せなんだろうな、と思えるようになっていく。今は、身の回りにある小さな見逃しそうな幸せをかき集めて生きている。

[材料]

豚ひき肉 ———————— 300g

玉ねぎ ———————— 大 I 個 (300g)

卵 ———————— I 個

塩麹 ———————— 大さじ I

味噌 ———————— 大さじ I

〈衣〉

マヨネーズ ———————— 大さじ I

砂糖 ———————— 大さじ I/2

酒 ———————— 大さじ 2

揚げ油 ———————— 適量

小麦粉 ———————— 大さじ 4

卵 ———————— I 個

水 ———————— 大さじ 2

パン粉 ———————— 適量

それは素晴らしいことだ。胸を張って言うけど、それこそが幸せだ。だから、キッチンに立ち、さぁ、美味しいものを作るぞ、と自分に号令をかける時、パパは幸せだなって、自覚することが出来ている。

　いいかい、辻家の家訓だ、よく覚えておけ。愚痴や不平も言い過ぎると、不幸が近づいて来る。だから出来るだけ明るい未来を見つめるように生きろ。
　どうせ、ぼくなんか不幸だからとひねくれるな。
　不幸に慣れたり、不幸を招いちゃいかん。
　小さな幸せをかき集めて、楽しい未来を心に描け。
　幸せは幸せを招き、不幸は不幸を招くからだ。

　今日は、君もパパも大好きなメンチカツを作るよ。柔らかい生地で作るとっても美味しいメンチカツだ。めっちゃ簡単だからね。
　まず、玉ねぎを粗みじん切りにする。ボウルにすべての材料を混ぜ合わせ、粘りが出るまでしっかりこねる。やや小さめに丸め、衣をつけて170〜180度の油で揚げたら、完成。あはは、レシピは以上。早っ。
　難しいのは生地を成形するところかな。生地が柔らかいからちょっとデリケートな作業になるけど、力を込め過ぎず、優しくやれば大丈夫。衣は、小麦粉と卵と水を泡立て器でよく混ぜ、それにくぐらせてからパン粉をつけるとやりやすいよ。揚げ油の温度は、パン粉を落としてみた時、細かい泡を出しながら広がっていく感じであればちょうどいい。火加減を調整しながら、美味しそうな音がするように6〜7分じっくり揚げるんだ。
　生野菜を添えて、揚げたてを食べよう。ちょっとくらい形が悪くても味は抜群！　幸せの味じゃぁ！

魚のポワレ、オレンジ塩がけ

Poêlé de poisson, sel à l'orange

　マルシェが週の後半に立つので、木曜日から日曜日まで、辻家では魚中心のメニューが並び、月曜から水曜まではお肉が中心になるね。やっぱり、新鮮な魚を食べさせてあげたいからさ、それにマルシェはどこよりも安い。魚に関しては、デパートの食品売り場と比較すると3分の1以下の値段になるね。しかも、新鮮度で言えば、産地直送、毎回売り切れのマルシェの方が上だ。

　海に囲まれた日本は、今でこそ肉料理も豊富だけど、パパが小さかった頃は、魚料理が中心だったよ。肉はどっちかというと高級品だった。

　でも、魚屋の少ないパリでは肉よりも魚の方が高い。新鮮な魚を求めて人々は海を目指している。ノルマンディー、ブルターニュ、南仏などに行くと、シーフードが本当に美味しいねぇ。

　カフェなどで食べる魚料理は、パリ市内に限って言えば、生魚から作っているところはほとんどないだろうね。値段を見れば一目瞭然、生魚を出しているところのは、目玉が飛び出るほどに高いんだから。

　だから、パパは日本に帰ると魚ばっかり食べる。日本は魚の種類も豊富だし、安いし、新鮮だし、うらやましい限りだよ。

　生でも食べられる新鮮な魚を手に入れた時、まさに今日のような日は燃える。そこで今日は、皮パリの魚に、パパ特製のオレンジ塩を振って、ちょっと贅沢に、シンプルに食べることにしよう。

パパが開発した、このオレンジ塩を焼き魚にかけるだけで、どんな魚も欧風レストランに負けない味になる。醤油もソースも必要ない。魚が本来持っている旨味を、このオレンジ塩が見事に引き出してくれるからね。

オレンジ塩さえ作れるようになれば、いつでもどこでも父ちゃんの味を再現できるという寸法だ。これぞ、まさしく辻家の味。伝家の宝刀ならぬ、伝家のオレンジ塩なのじゃ。

まず、オレンジ塩の作り方から、やろうか。いいかい、オーブンはあらかじめ150度に予熱しておく。使うオレンジは必ず有機オレンジを選ぶこと。なぜなら、皮を食べるのだから。農薬を使っていない有機オレンジが重要になる。

オレンジをよく洗い、ピーラーで皮をむくんだけど、出来るだけ薄く、皮の白い部分が入らないように削いでいくようにむこう。むいたオレンジの皮は、クッキングシートの上に間隔をあけてきれいに並べ、温めておいたオーブンに入れて、約10分。加熱の加減がちょっと難しいから、最初は失敗しやすい。火が入り過ぎると、焦げた香りがついちゃうし、火入れが足りないと、水分が出て塩を殺してしまう。焦げる感じになる少し前、湿り気が消えたちょうどその瞬間を狙うように。

取り出したオレンジの皮は、硬くなる前に細かくみじん切りにする。それから、ちょっと放置。10分くらいするとカリカリになるので、これをフルール・ド・セル（塩の華）と混ぜれば、出来上がりだ。密閉できる瓶などに入れて、保存しておこう。

次に、皮パリの魚を作ろう。マルシェで手に入れた、刺身でも食べられる超新鮮なスズキを使うことにする。スズキには軽く塩、こしょうをし（気分次第だけど、皮目にこしょう、身の方に塩だ

けの日もある。お好みで）、テフロンのフライパンに多めの油を
ひき、弱めの中火で皮目を下にして、じっくりと焼いていく。

　しっかり皮パリにしたい時は、皮目に軽く小麦粉をはたいてお
くと、カリッカリになる。これがうまいんだ。面倒じゃないなら、
やっておこう。後が楽しくなる。

　焼く時は、指先で魚を押さえながらやれば、反らない。なんに
もしないと、魚がくるんと丸まって反り返るから、要注意。手で
やるのが怖いなら、トングでも、スプーンでも、なんでもいいか
ら、それで中心をちょっと押さえつけておけ。

　火加減を見ながら、皮がパリパリになって魚の身の方まで火が
通り、全体が白くなったら完成だよ。生でも食べられる新鮮な魚
なら、うっすら白っぽくなればオッケーだ。身が厚い場合は裏返
すけれど、焼き過ぎないように、さっと火を入れるくらいで。

　お皿に盛って、オレンジ塩を好きなだけ振りかける。香りが素
晴らしい。オレンジの香りと皮パリ魚の香ばしさのバランスが抜
群なんだ。添えたルッコラには、オリーブオイルとビネグレット
（ドレッシング）をちょっとかけたらいいよ。

　海の香りとオレンジのさわやかな柑橘の風味が鼻腔と口腔を誑かす、贅沢極まりない一品。うまいこと間違いなし！

[材料]

〈オレンジ塩〉

有機のオレンジ ──────── 1個

フルール・ド・セル（塩の華）──── 50g

＊できればフランスのゲランドの塩を推奨します。

〈スズキのポワレ〉

スズキの切り身 ──────── 2枚

塩、こしょう ───────── 適量

オレンジ塩 ───────── 適量

ルッコラなど ───────── 適量

キッシュ・ロレーヌ
Quiche Lorraine

　君はちっちゃい頃から、このキッシュ・ロレーヌが大好きだった。不思議なのは、卵はあまり好きじゃないくせに、日本の卵焼きとフランスのキッシュだけはよく食べたよね。

　二人暮らしをするようになった10歳の頃、「キッシュが食べたい」とよくせがまれた。パパはキッシュ作りの名人ではなかったけれど、工夫していろいろと作ることになった。辻家では、キッシュといえばパパの味だった。

　フランスといえばキッシュ、そして、キッシュというのは家庭の数だけ味が存在する自由な料理でもある。焼き上がるまでの間に室内に広がる香りと温かみが、まさにキッシュを作る醍醐味だ。

　君がキッシュを食べたいと言う時はだいたい、どこか物寂しさを埋めたい時だったから、二人でオーブンの中でじんわり膨らんでいくキッシュを眺めながら、同時に、欠落した心を膨らませたものだったね。

　パパが作るキッシュ・ロレーヌは、実にシンプルなものだ。気取らない家庭の味で、だから飽きないし、美味しい。ロレーヌ地方はドイツに近いからね、キッシュという料理はドイツの影響をもろに受けている。見た目は大きな円形だから、ピザみたいなものかな、と最初は思いがちだけど、ぜんぜん違って、どちらかというと元々はケーキのイメージで発想されて生まれた料理なんだ

よ。なんとなく、わかるよね。

　砂糖の代わりにサレ（塩味）な味わいのケーキだと思うとしっくりくる。だから、子供たちはキッシュが好きなのかもしれない。パイ生地を使うしね。あのサクサク感がたまらない。

　君を野菜好きな少年に育てるのに、パパはキッシュを結構利用した。君がほうれん草を食べられるようになったのは、キッシュのおかげだ。

　パパはこのサクサクキッシュの中に、いろんな野菜を隠すようになる。なんでも隠したけど、でも、やっぱり一番シンプルなキッシュ・ロレーヌが美味しいね。戻るところはシンプル・イズ・ベストってことだ。

　ロレーヌ地方で生まれたこのキッシュ、辻家では、日曜日のランチの味だった。日曜日の昼に焼いて、皿の上にのせ、横にちょっと葉っぱを添えたりして、よく食べたっけ。

　今日は、フランスの伝統料理、キッシュの作り方を教えよう。まず、オーブンはいつものように予熱しておく。今日はちょっと高めの200度で。次に、ベーコンは7〜8mmの棒状に、玉ねぎは薄く切っておく。

　卵液の材料をボウルに入れてよく混ぜておく。パイ生地は、ピカール（冷凍食品専門店）で買ったものを使う。便利だよね。昔は手作りだったけど、もうこの冷凍のパイシートが便利過ぎちゃって。笑。

　パイシートは使う少し前に冷凍庫から出して解凍し、タルト型より一回り大きく伸ばす。そして型の上にのせるような感じで敷くんだけど、隅のところは型に押し付けるようにしてしっかりと押さえ、型からはみ出た分は指でつまんでねじるように成形して

いく。このはみ出た部分をねじ込むのが大事なポイントになる。ここがオーブンで焼かれて、カリカリの耳タブになるのだから。敷き込んだ生地の全体にフォークで穴を開け、オーブンに入れて10分くらい、軽く焼き色がつくまで空焼きする。もしも途中で底が膨らんでくるようなら、オーブンの扉を開けてフォークでつぶしておこう。いいね、これで準備完了だ。

　フライパンを火にかけ、ベーコンを油をひかずに炒める。十分オイリーだから油は必要ない。ベーコンから脂が出てきたら、そこに玉ねぎを加えてしんなりするまで炒め合わせていく。いい香りがする。ほら、昔の辻家のキッチンの香りだ。
　タルト生地にこの香ばしく炒めたベーコンと玉ねぎを敷き詰めて、そこへ卵液を流し込むんだ。最後に仕上げ用のとろけるチーズを振りかけて、再び200度のオーブンで約20分、表面に焼き色がつくまで焼けば、完成となる。
　キッシュが膨らんで、こんがりとしていく時間が愛おしい。それは生活の醍醐味というものだ。さあ、美味しそうにできたね。

[材料]（直径21〜22cmのタルト型1台分）
ベーコン（ブロック）————150g
玉ねぎ————小1個
冷凍パイシート————150〜180gのもの1枚
仕上げ用とろけるチーズ————適量
〈卵液〉
　卵————2個
　卵黄————2個
　生クリーム————150ml
　牛乳————80ml
　とろけるチーズ————30g
　塩————小さじ1/3
　こしょう————少々
　ナツメグ————少々

ロティ・ド・ポーク
Rôti de porc

　あのね、とにかく、フランスという国はオーブン料理が多いじゃん？　君が食べている肉料理の半分は、いや、ほとんどはオーブンを使っているんだよ。

　フランスのオーブンは食洗器並みに大きくて、どこのお宅のキッチンにも巨大なオーブンがある。パパは知り合いの日本人に、どうやったらフランス料理を自宅で再現できますか？　とよーく聞かれるけど、まずオーブンかオーブンレンジを買いましょう、と最初に助言している。

　つまり、君がこの国で本格的なフランスの家庭料理を作りたいなら、オーブンの使い方をマスターするのが早道となる。

　電子レンジは電子で食材を温めるけど、オーブンは熱を対流させて上下左右からまんべんなく温めることが出来る。食材を天板にのせるのはこの対流熱を均一化させるため。でも、ダイヤルをグリルに合わせると、上と下からの熱源で焼くことも可能。とにかく、天板がとっても重要なんだ。

　次に大事なのが、使う前に必ず予熱、つまり前もって温めておくことだ。よく覚えとけ。いきなり走ったら本領発揮出来ないけど、準備運動をしておくと速度が出せる。それと一緒。オーブンは電子レンジとは違い、すぐには温まらないから、予熱という作業が必要になる。

　そして、もう一つは予熱じゃなく、「余熱」ね。温めた後に残っ

た余った熱を使ってじっくり火を入れていくという方法もある。これもいつか教えてあげるよ。

　オーブンは、電子レンジなどでは絶対に再現できない深みと奥行きのある美味しさを作りだすことが出来る。一度これをマスターすると、もうなんでもオーブンに入れたくなる、実に便利な調理器具なんだ。なんたって、フランス料理はオーブンの歴史と密接なつながりがあるんだから。
　ということで、今日はフランスの家庭料理の定番中の定番、必ずみんなここから作ると言われている「ロティ・ド・ポーク」を教えよう。英語だと「ローストポーク」になる。君も大好きだよね。これさえ覚えておけば、フランス人と結婚をしても、彼女に作ってあげることが出来るよ。

　まず、にんにくは、1片を4等分に切り分けておく。じゃがいもと玉ねぎは2mm厚さにスライスし、じゃがいもは水にさらしてから水気をよく切っておこう。オーブンは200度に予熱しておく。
　豚肉は全体に満遍なくナイフの先で穴を開け、8個のにんにくを差し込み、タコ糸で形を整えるように縛り、全体に塩、こしょうをする。あ、なんで、タコ糸で縛るかわかる？
「え？　わかんない。面倒くさくない？　しないでも良さそうだけど、やらないとダメなの？」
「あのね、煮たり焼いたりしていると肉の形が崩れるからさ、これでこうやって縛って、崩れにくくする。慣れてくるときれいに縛れるようになる。パパは性格が細かいから丁寧に縛っちゃうけど、これが趣味だし。でも、君はここまでやる必要はない。形崩れしない程度に工夫しておけばいいよ」

「それだけのために？」

「フライパンで焼いたり、鍋で煮たりするとき、肉が動くと肉汁が出ちゃうから、それを防ぐ理由もある」

　じゃあ、続けるよ。フライパンにオリーブオイル大さじ2を熱し、じゃがいもを炒める。じゃがいもが半透明になってきたら、玉ねぎを加え、しんなりしたら耐熱容器に移す。次に豚肉を、全体にしっかりとした焼き色がつくまで焼く。

　耐熱容器に入れたじゃがいもに、スープの材料を注ぎ、生クリームを全体に振りかけ、豚肉を中央にのせたら200度のオーブンで30〜40分ほど焼くんだ。

　竹串で刺して出てきた汁が透き通っていたら、オーブンから取り出し、アルミホイルで包んで20分ほど休ませてから切り分ける。好みでマスタードを添える。めっちゃ、うまそうだろ。これが想像よりもさらにうまいからね。オーブンとタコ糸の勝利と言える。

　さあ、喰うか！

[材料]（4人分）

豚肩ロースかたまり肉 ———— 500g
にんにく ———————— 2片
塩、こしょう ————————適量
じゃがいも ————————中2個（250g）
玉ねぎ ———————————中1個
オリーブオイル ——————適量
生クリーム ————————50mℓ
好みでマスタードなど————適量
〈スープ〉
　熱湯 ——————————150mℓ
　チキンブイヨン —————1/2個
　乾燥タイム ——————1つまみ
　ローリエ ————————1枚
　カレー粉 ———————小さじ1/2

トマトファルシとにんじんグラッセ
Tomates farcies et carottes glacées

　そうかあ、フランス人も弁当が好きなんだね。最近どこの店でも、ＢＥＮＴＯボックスを扱っているものね。友だちに自慢をしたい？　いいよ、じゃあ、今日はお弁当のおかずにも最適なファルシを教えてあげよう。これをお弁当に入れるときれいだし、美味しいし、便利だぞ。

　そういえば、君が小さかった頃、パパは毎日、お弁当を作っていた。覚えてる？　そしてたぶん、フランスの小学生で一番お弁当箱でご飯を食べていたのが君だった。間違いない。

　お弁当箱の中に料理を詰め込んでいく作業は、日本の箱庭的な面白さ、表現の豊かさ、アート感などが満載で、楽しい作業だよ。君のお弁当を作る時、どれだけ栄養のあるものをバランスよく詰められるか、という点でパパは苦心するのだけど、役立ったのが、このファルシだ（ファルシは和製仏語で、本当はファルス）。

　要は何かに詰めた料理ということで、たとえばピーマンなどの中に肉を詰めて焼いたものがファルシということになる。なんとなくフレンチかな、と思われがちだが、実はこの野菜に肉を詰める料理は世界中に存在する。

　トマトとかピーマンの中にハンバーグみたいなものを詰めて作るので、子供にも食べやすい。トマトがあまり得意じゃなかった君がトマト大好き人間になったのは、まさにトマトファルシの影響が大きい、よね？

パパはいろんな野菜にいろんな具を詰めていった。大きなズッキーニをカットし、中をくり抜いて作った。パプリカ、トマト、大根、マッシュルーム、しいたけ、キャベツ、白菜、詰められる野菜なら、なんでも詰めたね。笑。

　しかし、一番美味しいのはトマトだった。というのも、トマトのファルシをオーブンで作ると、トマトの汁が肉汁と絡んで、自然に特製ソースが出来ちゃうからだ。

　今日は、トマトファルシとにんじんのグラッセを一緒に作ってみよう。お弁当に最適だし、お弁当じゃなくても彩りがきれいだから、これだけで立派なご馳走になる。味つけは自由、辛くも甘くも自由自在だよ。お弁当箱に入れるから、今日はミディトマトを使おう。その方が彩りも賑やかになるからね。

　まず、ボウルにひき肉を入れ、赤ワイン、オリーブオイル、そのほかの材料をすべて入れてよく混ぜ、冷蔵庫で半日ほど寝かせておく。この半日寝かせるというのが大事だ。

　次に、トマトのヘタの部分より少し下を水平にカットし、ティースプーンで中身をくり抜いておく。これは意外と楽しい作業になる。こういう地味な作業がパパは好き。くり抜きながら、ちょっと汁感を残すんだ。トマトのエキスを少し残しておくと、後で豚の肉汁と混ざって旨味が出るんだよ。

　オーブンを190度に予熱し、トマトの中にひき肉のタネを詰めていく。これもまた実に楽しい作業になる。グラタン皿に適量のオリーブオイルをひき、肉詰めされたミディトマトをきれいに整列させていく。できたらオーブンに入れ、25〜30分焼く。表面がかすかに色づくくらい焼けたらオッケーだよ。簡単だろ？

　さあ、次はにんじんのグラッセだ。にんじんは丸形でも棒状で

も好きな方をイメージしながら1cmくらいの厚さにカットする。面取りも忘れずに。この面取りも地味な作業になるけれど、グラッセが豊かになる。角ばった人生より、丸まった柔らかさが美味しさを演出するというわけだ。

　鍋ににんじんを並べ、ヒタヒタになるくらい水を入れ、バター、砂糖、コンソメを加えて煮る。水分が飛んできたら火を弱めよう。にんじんの表面にうっすらと焦げ目がついたら、はい、出来上がり。これをお弁当箱に詰めていくのだけど、どうだい？　楽しいだろ？　開けるのが楽しみになるお弁当の完成だ。

[材料]

〈トマトファルシ〉

ミディトマト	8個（直径4cmくらいのもの）
豚ひき肉	150g
赤ワイン	大さじ1
オリーブオイル	大さじ1
生パセリ	少々
クミンパウダー	少々
にんにく	少々（みじん切り）
ナンプラー	少々
タバスコ	少々
醤油	少々
塩	少々
こしょう	少々

〈にんじんグラッセ〉

にんじん	1本
バター	10g
砂糖	大さじ1
コンソメキューブ	1/2個

鴨のくるみだれ蕎麦
Magret de canard rôti et nouilles soba à la crème de noix

　パパの父さんは君にはとっても優しいお爺ちゃんだったけれど、パパとパパの弟の恒久おじさんにはとっても厳しい人だった。仕事好きなモウレツ社員で、日本のために働くのが好きな男だった。口答えするとよく叩かれた。だから逃げ回っていたよ。でも、父さんはご馳走を作る名人だった。

　とくに父さんの鴨料理は本当に美味しかった。鶏肉は普通に買えるけど、鴨肉は専門店に行かないと買えない高級品だった。北京ダックとか鴨のローストとか、日本で鴨といえば贅沢食材の代表なんだよ。

　フランスだと鶏肉よりちょっと高いかな、というくらいでスーパーで普通に売ってるよね？　でも、日本には鳥獣保護法があって、狩猟対象なんだ。脂ののったマガモなどは、日本でも昔から食べられていて、11月から3月くらいになると猟師さんが捕まえに行く。

　パパの父さん、ジビエ料理が好きでね。この鴨肉の料理に関しては父親の味だった。だから、パパも君に真っ先に教えなきゃ、と思った。鴨を料理出来るようになると、大切なお客さんが来た時に、へ〜、こりゃあ、ごちそうだあ、となるからね。

　鴨の胸肉って柔らかいけど、歯ごたえがあって、しかも、脂肪が甘いのが特徴だ。普通の鶏肉ではここまでのジューシー感は出ない。日本の鴨だと脂と赤身のバランスのいい岩手鴨が好きだな。

京鴨とか河内鴨など有名な鴨が日本にも存在するけど、フランスで日本人にも人気があるのはシャラン地方で飼育されているシャラン鴨だ。ジューシー感とコクのある味で最高の品質とされている。今日はこのシャラン鴨を使うよ。

　渡仏した約20年前、パパは日本の味に飢えていた。蕎麦が好きだから日本から乾麺の蕎麦を大量に持ってきて、冷たいくるみだれ蕎麦をよく作っていた。ある時、シャラン鴨のローストと、この日本のくるみだれ蕎麦を合わせたら美味しいんじゃないかと思ってやってみたら、いやはや、これが本当にびっくりするくらいうまかった。
　生クリームを使うことでリッチ感が出る。日本を懐かしんで作っているうちに、日仏混合の美味しいヌーベル鴨料理が出来た。
　ちょっと工程が面倒だけど、もうすぐクリスマスだし、12月にこそ食べてほしい一品だから、やってみよう。

　鴨の胸肉は、調理する30分〜1時間くらい前に冷蔵庫から出し、常温に戻しておく。次に、くるみをフライパンで炒るよ。こうやると香ばしさが増すんだ。白ごまも炒るけど、一緒にやるとごまが先に焦げてしまうから別々に炒るように。
　くるみだれの材料を全部ミキサーにかけて、あらかじめタレを作っておこう。めんつゆ、生クリーム、白味噌を使うことで、コク、風味が格段に出る。生クリームと白味噌の相性もいい。まさにこの辺が日仏混合の真骨頂と言える。

　オーブンは180度に予熱しておく。鴨肉は、はみ出した両端の脂部分をまず包丁で切り落とす。赤身側の血や薄皮も処理する。血のかたまりとかは包丁の先でちょんちょんと刺して、取っちゃ

う。薄皮も包丁を入れて、削ぎ落とす。こういう下処理を丁寧に
やることがご馳走を作る時のコツだ。

　君にはちょっと難しい、背伸びをした料理かもしれないけど、
大人の味を覚えていくことも大事だ。いい舌を持つと人生がもっ
と楽しくなるよ。

　鴨の胸肉は、赤身の肉側と反対側の皮と脂の部分がくっきりと
分かれている。まずだな、皮の面に包丁で格子状に切り込みを入
れるんだ。こうすると肉が縮こまらない。フライパンを熱し、鴨
肉を皮目を下にして置き、にんにくを添えて中火で焼いていく。
脂が出てきたら火力を弱火にしよう。ほら、すごく香ばしい匂い
だ。このまま放置しておけばいい。脂が出るまでジュージュー焼
いていけ。

　皮目が香ばしく焼けたら、だいたい10分くらいかな、そしたら
裏返して赤身側にもサッと焼き色をつける。サッとでいい。全体
に火が回ったな、と思うところまででいいよ。

　よし、じゃあ、オーブン皿にクッキングシートを敷いて、鴨肉
を皮目を上にして置き、にんにくものせよう。オーブンに入れて
約10分、じっくりと火を入れる。焼き終わったら鴨肉とにんにく
を取り出し、アルミホイルで包んで10分くらい休ませる。休ませ
ることで、肉の中に旨味が浸透していく。

　フライパンに残った鴨の脂にめんつゆを混ぜて、ゆで上がった
蕎麦と和え、カットした鴨肉を並べて、上からくるみだれをかけ
る。最後に蕎麦の実をフライパンで炒って振りかけてもいい。に
んにくとねぎを添えたら完成だ。さあ、喰うか！

[材料]（2人分）

鴨むね肉（マグレ・ド・カナール）————— 1枚
にんにく ————————————————3〜4片
蕎麦 ————————————————————200ｇ
めんつゆ ———————————————————適量
ねぎ ——————————————————————適量
〈くるみだれ〉
　くるみ ————————————————————50ｇ
　白ごま ————————————————大さじ 1/2
　めんつゆ（3倍濃縮）———————————50ml
　水 —————————————————————50ml
　白味噌 ————————————————大さじ 1/2
　生クリーム ————————————————大さじ 1/2
　砂糖 ——————————————————大さじ 1/2

サーモンのパイ包み
Saumon en croûte

　君が料理に目覚めた日のことを、パパは忘れない。覚えている
かなぁ、中1の時のこと。一緒にサーモンのパイ包みを作ったよ
ね。ほら、思い出したね！　あの日は、大笑いだった。

　最初にパパが君に教えたのは、ベシャメルソース作りだった。
それから解凍したパイ生地を麺棒で伸ばす作業も君が担当した。
ベシャメルソースを作れるようになったことで、その後、君はグ
ラタンコロッケも作れるようになったし、クロックムッシュも得
意になった。ベシャメルソースは料理の基本だからね。

　そして、サーモンのパイ包みは、そうだな、図工だったね。料
理というよりもアートだった。

　君は、生地に包丁で切れ目を入れ、魚をぐるぐると巻くわけだ
けど、「なんか、ミイラみたいだね〜」と言いながら、大興奮だっ
た。最初は、作ったものの最終形がイメージ出来ないものだから、
言われるままにやっていたけど、だんだん出来上がってくるうち
に顔色が変わって、最後は、え、これ、どうなっちゃうの？　っ
て、めっちゃ騒ぎはじめた。そこがこの料理の面白いところでも
ある。

　それから、ぼくらは時々、一緒にキッチンに立つようになるわ
けだけど、キッチンというところは生きることを学ぶ場所であり、
人生のいい逃げ場でもある。パパなんか、寂しくなると真夜中に

冷蔵庫を開けて、中にいる冷蔵庫の妖精、冷子ちゃんと語り合ったりしている。冗談だよ、そんな目で見るな！　笑。

　ま、料理は生きるための手段だからね。特別な会話なんかなくても「美味しいものを生み出す」という目標に向かって突き進むことで、親子の絆は深まるし、生きる希望も宿ってくる。料理は哲学だし、運動だし、創作だし、生きる喜びだ。

　いい匂いがしはじめて、オーブンからサーモンのパイ包みが出てきた瞬間、二人でガッツポーズだったね。あんなにこんがり焼けた魚の形のパイが出てくるんだもの、盛り上がらないわけないな。一番驚いていたのが作った君だったわけだから、最高のアトラクションでもあるし、究極の料理でもある。

　今日は久しぶりにサーモンのパイ包みを作ってみよう。君の誕生日だったし、17歳になった記念すべき共同作業というわけだ。

　まず、味噌ベシャメルソース作りからはじめるよ。小ぶりのフライパンに弱めの中火でバターを溶かし、小麦粉を加え、木べらでこねるように、少しずつ少しずつ牛乳を加えながら、辛抱強く練って混ぜ合わせていく。

　塩、こしょう少々、醤油を入れ、最後に味噌を投入し、しっかり混ぜ合わせたら、はい、ベシャメルソースの出来上がり。味噌の量は味をみながらお好みでね。

　オーブンは200度で予熱しておく。フライパンで、薄切りにした長ねぎとほうれん草を炒める。炒めたら、塩、こしょうをしてちょっと冷ましておこう。パイ生地が溶けちゃうからね。

　解凍したパイ生地を麺棒で引き伸ばし、魚が入るくらいのサイズに成形する。

真ん中に長ねぎ、ほうれん草を置き、その上に塩、こしょうしたサーモンを置く。味噌ベシャメルソースでサーモンが隠れるくらい覆い、最後にとろけるチーズをかける。

　パイ生地は、魚の縁に向けて外側から斜めに包丁を入れ、切り取り線を作っていく。包丁を入れる時は、定規代わりに菜箸などを置いて、均等に間隔をとりながらやるといいよ。

　切り取り線から順にパイ生地をはがし、着物を羽織らせる感じで交互に重ねていく。そして、両端を閉じ、粘土細工をするように、頭としっぽは好きな形に創作するんだ。照りを出すために、卵の黄身（少し水で伸ばしたもの）を刷毛で表面に塗ろう。

　天板にクッキングシートを敷き、魚型パイを置いたら、温めておいたオーブンに入れる。20分前後でサクサクジューシーなサーモンのパイ包みが出来上がるよ。オーブンから取り出す時の、わお〜！という顔が最高だね。

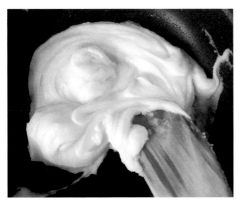

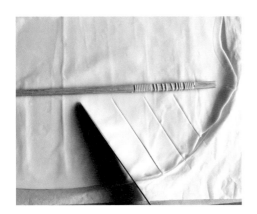

[材料]

長ねぎ	1/2本
ほうれん草	2株
塩、こしょう	少々
冷凍パイシート	150〜180gのもの1枚
生サーモン	200g
とろけるチーズ	30g
卵黄	1/2個

〈味噌ベシャメルソース〉

無塩バター	15g
小麦粉	15g
牛乳	70ml
塩、こしょう	少々
醤油	小さじ1/4
味噌	15g

ポム・ドーフィン
Pommes dauphines

「どこに行ってた？」

「今日はええと、シャトレまで、友だちに会いに」

「どんな友だち？」

「音楽仲間たち。今度、ぼく、そこのグループに入れてもらえたんだ。今一番元気なビートメーカーたち（ヒップホップ系の音楽プロデューサー）の仲間になれたんだよ。そこにレニーっていう子がいて、その子の紹介でぼくは参加できたんだけどね、彼はプロを目指しているんだ。聴いてみる？」

　※音楽が携帯から流れ出した。

「いいね」

「昨日、スポティファイにアップしたら、1日で2000人に視聴されたんだ。ぼくは今、レニーと一緒に音楽を作ってる。パパ、わかってるよ。ちゃんと勉強もやってるし、大学にも行くから心配しないで。ただ、こんな時代だから夢は持ち続けたいんだ。わかる？　世界を持っている人間がどんなに今必要かってこと」

「わかるよ。今日は一緒に、ポム・ドーフィンを作るからな。これを覚えておくと、音楽に負けないくらい人生を豊かにすることが出来る。胃も膨らむし、もちっとしたドーナツみたいで美味しいし、話が弾む。音楽にも最適な食べ物だよ」

　※ぼくらはキッチンに移動し、準備をする。息子は話し続けている。いつも、こんなに自分のことをペラペラと話す子じゃな

いのだけど、刺激を受けたのだろう、溢れるように言葉が飛び
出してくる。今日、自分が経験したことを誰かに伝えたいのだ。
「パパ、ぼくらはロボットじゃないからね。生きているから、そ
れをやっぱり感じていたいんだよ。仕事のためだけに生きるのじゃ
なくて、ぼくはやっぱり、生きていることを人間として感じた
いんだ。レニーを見ていると、じっとしていられなくなる。世界
が震えるような感じになるんだ。わかる？　音楽がぼくらを動か
す。それを抑え込むことが出来ない」
　※ぼくは材料をシンクの横に並べながら、息子が落ち着くのを
　待った。でも、どうも今日は迸る(ほとばし)エネルギーを止めることが出
　来ないみたいだ。わかる。自分も17歳の時、そうだった。ま
　るであの日の自分を見ているようでもある。ただ違うのは、あ
　の頃、まだ世界に新型コロナウイルスは存在していなかった。

「ぼくらは響きあって生きているんだ。誰かのエモーションを受
け止めて、それを自分のビートにして、また吐き出している。ぼ
くの世代の若者たちはこの辛い時代に寄り添いながら、自分たち
の部屋で、小さく揺れているんだ。パパ、わかる？」
「ああ、わかるよ。誰も君を止めることは出来ない。なぜなら、
生きてるからだ」
「うん、ありがとう。今日のことを伝えたかった」
　※ぼくは夢の中にいるような息子の横で、じゃがいもの皮をむ
　き、適当な大きさに切り、それを鍋でゆではじめた。
「でも、気をつけてくれよ、感染には。それから知らない連中の
中に入る時はその人間をよく見ろ。だましてくる奴もいるし、差
別されることもある」
「わかってる。ぼくは用心深いし、レニーもそうだ。ぼくらはと
っても若い。だから、注意している。でも、レニーは先月、ミッ

127

クスを依頼されて300ユーロ稼いだんだ。すごいよね？　それを
彼は自分の音楽の宣伝のために使った」
　　※沸騰して15分くらい、じゃがいもに竹串がすっと通るよう
　　になったらザルに上げ、ボウルに移してフォークでつぶしてお
　　く。続いて、シュー生地を作る。水、バター、塩、こしょう、
　　ナツメグをフライパンに入れ、火にかける。

「いいか、まだ17歳だ。お金を稼ぐような仕事はパパは許さな
いからね」
「わかってる。ぼくはちゃんと大学を目指すから、安心して」
　　※バターが溶けたら小麦粉を加え、木べらで素早く混ぜ、一つ
　　にする。そこに溶いた卵を少しずつ加えていく。はじめは分離
　　したようになるけれど、焦らず、卵を加えるごとに根気よく混
　　ぜ合わせていけば、間もなく滑らかな生地に仕上がっていく。
　　けっこうな力仕事なので、息子にやらせることにした。
「人生は料理と一緒で、すべてに工程がある」
「音楽も一緒だよ」
「工程をすっ飛ばすことは出来ない。こうやって、シュー生地が
出来上がったら、ここにじゃがいもを混ぜ合わせる。見てみろ、
これで生地が出来た。そしたら、そこのスプーンをとってくれ」
「うん」
「スプーン2本を使って生地を丸めていき、180度くらいの油で5
分程度揚げる。きれいなきつね色になったら出来上がり。君の音
楽も、パパが作るポム・ドーフィンも工程が大事だということだ
けは覚えておいてほしい。勉強も、人生も、すべて順序がある。
いいね？」
「うん、わかった」
「じゃあ、一緒に喰おう！」

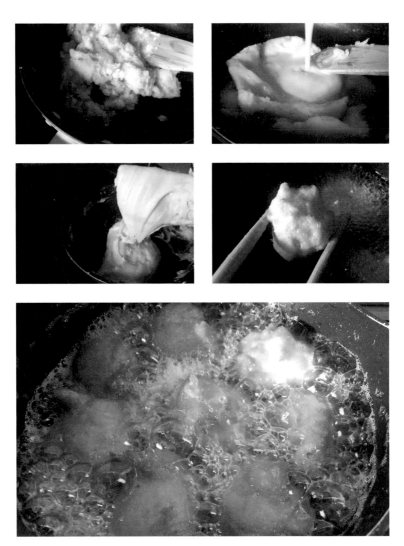

[材料]

じゃがいも	中2個（250g）
水	120mℓ
バター	30g
塩、こしょう	適量
ナツメグ	少々
小麦粉	60g
卵	2個
揚げ油	適量

濃厚抹茶のパウンドケーキ

Gâteau au thé matcha

　君は覚えているかな？　毎年、パパが手作りの誕生日ケーキを
作っていたことを。君はあまり甘いおやつを欲しがらない珍しい
子供だったけど、パパが作るあんまり甘くない大人味のケーキだ
けは、よく食べてくれたね。だから毎年、誕生日やクリスマスに、
いろんなケーキを作ったものだ。

　お菓子作りにおいて一番大切な心構えを、一つだけ教えておく。
パパがお菓子作りで何度も失敗したのは、パパの独創性や、パパ
のいい加減さや、パパのアドリブが邪魔をしたから。いいかい、
お菓子作りは料理と違い、分量、手順をしっかり守らないと、膨
らまなかったり粉っぽくなったり硬くなったりする。ちょっと間
違えるだけでも致命的になる。お菓子作りにおいて、レシピは神
だ。いいね？

　とにかく、手順を間違えたら、もう取り返しがつかない状態に
なったりする。料理だったら、醤油を入れるタイミングなんてち
ょっと違っても何とかなる場合があるし、面白い効果が出る時も
ある。

　でも、お菓子は違う。もちろん、アレンジは大いに可能だけど、
基礎だけはしっかり守らないと失敗する。これが料理とお菓子作
りの決定的な違いになる。

　今日、パパが君に教えるのはちょっと大人のケーキだけど、そ
う、君が好きな抹茶のパウンドケーキだ。フランス人は抹茶が大

好きだからね。これを覚えておくと、人気者になれるよ。

　ケーキ作りでは、いくつかの準備が必要になる。まず、バターを1時間ほど前に冷蔵庫から出し、常温に戻しておく。指で押してみて少しへこむ程度になればいいよ。薄力粉とベーキングパウダーは合わせてふるっておく。クッキングシートをパウンド型のサイズにカットし、敷き込んでおく。オーブンは170度で予熱しておく。

　準備ができたら、いよいよ作りはじめよう。ボウルの中に、バターと砂糖を入れ、泡立て器で白っぽいペースト状になるまですり混ぜる。パパはここでよくハンドミキサーを使うけど、これは便利だよ。実はお菓子作りって、男子にも楽しい作業なんだ。ハンドミキサーの振動って、電動ドリルで壁に穴をあけるような楽しさがあってね、この振動がたまらない。

　次に、このボウルに溶いた卵を5回くらいに分けて、ちょっとずつ、混ぜ合わせていくよ。一気に流し込むと分離しちゃうから、5回に分ける。その都度、ハンドミキサーで分離しないように混ぜるんだ。生地がツヤツヤするまでよく混ぜること。

　いいね、レシピは、

「レシピは神だね？」

「そう、その通り。ここまで、いいかな？」

　次に、抹茶を熱湯で溶かしてごらん。熱湯を少しずつ加えて、全部溶けきればいいよ。そしたらその抹茶液と牛乳をボウルの中の生地に注ぎ込んで、よく混ぜ合わせる。

　これが出来たら次は、ふるっておいた薄力粉とベーキングパウダーを一気に加えてゴムべらでざっくり混ぜ合わせていく。ざっくりと30回くらい、生地をヘラで切るように混ぜる。ザクッと切っては円を描くように混ぜる、を繰り返す。いいね？

混ぜ足りなくても、混ぜ過ぎてもいけない。この差だけは残念ながら、レシピには書かれていない。これがお菓子作りのもう一つの厄介なところでね。レシピ通りにやっていれば最高に美味しいものが出来るか、というと実はそうじゃない。

　最初は失敗をしながら、上達していくしかない。でも、レシピを守っていれば、最低限の到達点にはたどり着くことが出来る。最低限のルールは守った上で、後は何回も作って徐々に美味しいものへと上がっていく、というのがお菓子作りの道なんだ。

　じゃあ、続けよう。作った生地をいよいよ、このパウンド型に入れる。ここもどこか図工に似ているから、面白いぞ。そして、170度に予熱しておいたオーブンで40分程度、焼くんだ。

　焼き上がったら仕上げに粉砂糖に水を少量加えて作ったシロップを塗って完成となる。焼いている間に泡立てておいた生クリームを横に添えてだな、うまそうだろ。よし、喰うか！

[材料]（パウンド型１台分）
無塩バター ———————— 100g
薄力粉 ———————————— 90g
ベーキングパウダー ———— 小さじ1/2
砂糖 ————————————— 90g
卵 —————————————— 2個
抹茶 ————————————— 10g
牛乳 ————————————— 大さじ1
粉砂糖 ———————————— 適量
生クリーム ————————— 適量

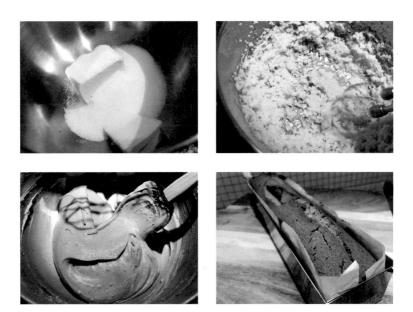

辻家のアメリカ・クッキー
Cookies moelleux américains

　いつも、我が家のキッチンの大きなガラス瓶の中に入っているクッキー。小さかった頃の君は、なくなると「ケーキのようなクッキーがまた食べたい。買ってきて」と言ってたけど、あれは、市販品じゃないんだよ、と教えてあげたよね。

　もう、かれこれ何年もこのクッキーは辻家の定番お菓子として、途切れたことがない。君が寝た後、父ちゃんはせっせせっせとこのクッキーを作ったものだ。

　自慢じゃないが、いや、自慢かな、市販のクッキーよりも絶対に美味しい。まず、出来たては圧倒的にしっとりとしているし、驚くほどに柔らかいし、これを食べたらその辺のクッキーはもう食べられない。君には、わかるだろ？

　偉そうに言って申し訳ないけど、我が家では、クッキーなるものは買うものじゃなく、ずっと作るものだった。ご飯を炊くのとなんら変わらない。なくなったら作り、補充していく。ファザーズ・クッキーだ。あのでかいガラス瓶の中に、ファザーズ・クッキーが詰まっているのは、幸せな証拠でもあった。

　実はこのクッキーには、ちょっとした歴史がある。パパが若い頃、といっても30代の頃に、アメリカで暮らしていたことがあってね。アムトラック鉄道に乗って、何度かアメリカ縦断の旅をした。

ある日、テキサスのフードトラックのクッキー屋さんで食べたのが、テキサス・ソフト・カントリークッキーなるもので、そりゃあ、柔らかくて、食べた時にひっくり返った。

　あんまり美味しいから、毎日、買いに行った。黒人のジョージおじさんというパティシエと仲良くなり、この元になるレシピを教わることに成功する。でも、ジョージおじさんのレシピだと、わずかにサクサク感が強かった。それも美味しかったけど。笑。そこで、これをもっとしっとりさせてみようと研究を重ねたのが、父ちゃんのケーキ・クッキーということになる。

　君は今も、毎日このクッキーを食べている。毎日食べても飽きないような工夫がしてある。レシピにすると呆気ないものだけど、何度も作っていると、だんだん、そのコツがわかってくるはず。

　ジョージが言った言葉が忘れられない。「世界中に美味しいものがある。でも、このアメリカン・クッキーだけはアメリカが世界に誇れる最高のお菓子なんだよ」ってね。

　まずボウルに薄力粉、重曹、ベーキングパウダー、塩を入れ、軽く混ぜておくべし。で、出来たら、これはちょっと脇に置いておいて、と。

　別のボウルにバターを溶かして（湯煎で完全に溶かしても大丈夫）、ブラウンシュガーとグラニュー糖とバニラエッセンスを加え、泡立て器でよく混ぜる。この中に卵を加え、ツヤツヤになるまでさらに混ぜるんだ。

　そしたらそこに、先に混ぜておいた粉類の、まずは半量だけを入れ、いいかい？　半分だけだぞ。スプーンでざっくり混ぜる。「1回でやっちゃダメだ」って、ジョージおじさんが言った。聞いた時はよくわからなかったけど、やってみてわかったのは、い

っぺんにやると上手にしっかりと混ざらないんだよ。だから、2回に分ける。

　残りの粉類も加え、粉っぽさがなくなるまでしっかりと混ぜることがこのクッキー作りの一番大事なところになる。

　混ざったら、砕いたチョコレートを加え、ラップをして冷蔵庫で30分ほど寝かせる。その間にオーブンを180度に予熱しておこう。

　オーブンの天板にクッキングシートを敷いて、冷蔵庫から取り出した生地をスプーンですくい、間隔をあけて並べていく。焼いているうちに広がるから、4〜5cm間をあけておくように。平べったくしないで、アイスクリームのワンボールをすくい取るような感じで、高さを出して並べていく。

　並べ終わったらオーブンに入れるのだけど、いいか、次にここがポイントになる。並べた生地の上に、覆うような感じでクッキングシートをかぶせておくんだ。そして、10分ほど焼く。

　焼きたては柔らか過ぎて崩れやすいので、オーブンから天板を取り出して10分ほどそのまま放置し、粗熱が取れてクッキーがある程度固まってからケーキクーラーなどにのせて冷ます。

　温かいうちに食べてもいいし、ちょっと冷めてから食べても、しっとり感は変わらない。翌日は電子レンジで10秒ほど温めるとチョコがトロッと溶け、ケーキのようなクッキーになる。これは、やっぱり自宅で作るからこそのしっとり感が素晴らしい。そして、意外とこの柔らかさは長持ちする。何枚でも食べられちゃう美味しさだよ。

[材料]

薄力粉	180g
重曹	小さじ 1/2
ベーキングパウダー	小さじ 1/2
塩	ひとつまみ
無塩バター	100g
ブラウンシュガー	100g
グラニュー糖	40g
バニラエッセンス	小さじ 1/2
卵	1 個
好みのチョコレート	お好きな量

＊くるみなどナッツ類を入れても美味しいです。

＊生地は天板に間隔をあけて並べてください。天板に入りきらない場合は数回に分けて焼
　いてくだい。

あとがきにかえて

　シングルファザーになった時の絶望感は、いまだ忘れられない。

　あの日から息子は心を閉ざし、感情をあまり見せない子になった。なんとかしなきゃ、と必死になり、どうやったら昔のような笑顔に包まれた日々を取り戻すことが出来るだろうと考えた。

　ある夜、子供部屋を見回りに行ったら、寝ている息子が抱きしめているクマのぬいぐるみのチャチャが濡れていた。びしょびしょだったのだ。ええ？　びっくりして、目元を触ってみると濡れていた。ぼくの前では絶対に泣かなかったのに。

　その時、本当に申し訳なく思った。自分が母親の役目もしなきゃ、と思ったのもその瞬間だった。

　ぼくも息子もあまり食べなくなっていた。大きな冷たい家だったので、これはいけないと思い、小さなアパルトマンに引っ越し、ぴったり寄り添うようになる。ぼくは胃潰瘍と診断され、毎日薬を飲んでいた。体重が50kgを切る勢いで落ちていた。食べなきゃ、と思った。そのためには美味しいご飯を作らなきゃ、と思った。

　毎朝、白ご飯の入ったお弁当を作るようになった。朝弁習慣と名付けた。昼は給食があったので、夜は自然と笑顔が戻るような料理を拵えるようになる。

　おやじのぼくに母親の代わりなど出来るわけもなかったけれど、ぼくに唯一出来ることが料理だった。でも、料理が得意だったことにも、感謝している。

もしも料理が出来なかったら、もっと厳しい生活になっていたと思う。料理が出来たことで、家の中にぬくもりが戻ってきた。食べなきゃ、と自分に言い聞かせることで毎日を維持できるようになった。

　落ち込んでいられなかった。ぼくがここでがんばらないと家族が崩壊してしまう。だから、一日中、キッチンの火を消さなかった。キッチンの横に小さなテーブルを買い、そこにパソコンを置いて、煮込み料理などをしながら、ぬくもりを消さないように必死だったのだ。

　友人の料理好きから、トマトの中には必要な栄養が詰まっているから、とりあえずトマトを食べさせてね、と言われた。

　藁にもすがる日々だったけれど、トマトに救われた。トマトとガーリックのパスタをよく食べるようになった。それで、そこにツナを入れたりいろいろと工夫をこらすようになる。

「美味しい？」

　と聞いたら、小さく頷き、

「うん、美味しい」

　と返ってきた。

　なんでもないやり取りだったけれど、あれは家族再生の最初の一言だったと思う。

「美味しい？」

「うん、美味しい」

　毎日、このやり取りの繰り返しだったけれど、ぼくの体重が少しずつ増えていくのと同時に、息子の顔に笑みがちょっとずつ戻ってきた。もちろん、元通りの家族にはならないけれど、新しい家族のカタチがそこにあった。食べることは生きることの基本だった。

　どんなに忙しくても、ちゃんと料理をすること。そこにそれな

りの時間を注ぐこと。それがぼくにとっての再生の第一歩になったのである。

　間もなく、ぬくもりのある美味しい料理を通して、息子の言葉や声や微笑みが戻ってきた。明るさが戻ってきた。それなりの幸せも戻ってきた。ぼくは父であり、母であった。

　離婚から2、3年が経ったある日、
「パパも少し、自分のことを考えたら」
と言われたことがあった。

　泣きそうになったけど、ぼくは堪えた。今でも忘れられないものがある。それは、小学生だった息子の涙の感触……。

　ぼくは、あのトマトのパスタを人生の初心と思うようになった。今でもトマトとツナのパスタは辻家の定番料理の一つである。ちっともゴージャスじゃないし、豪華でもない。日々の味である。

　息子は泣きながら寝ていたことを今でも覚えているだろうか？

　その見えない心の傷を癒してくれたのが、トマトのパスタなのであった。

　じゃあ、今日も料理と向かい合ってみよう。

　まず、フライパンにオリーブオイルと、にんにくをつぶして粗目のみじん切りにしたもの、アンチョビ、ケッパーを入れ、にんにくの香りが出るまで弱火で火を通す。香りが出たら、薄切りにした紫玉ねぎを加えて炒めるのだ。

　玉ねぎが透明になったら白ワインを加え、少し火を強めてアルコール分を飛ばし、トマト缶を加え、蓋をして10分ほど煮る。油をしっかり切ったツナ缶を加え、15分くらい煮込んだら、最後に生クリーム（もしくはサワークリーム）を加え、塩、こしょうで味をととのえたら完成となる。

　ね、すべての基本がここにあるでしょ？　ボナペティ。

[材料]（2人分）

にんにく	1片
アンチョビ	2枚
ケッパー	10粒程度
オリーブオイル	大さじ1
紫玉ねぎ	中1個
白ワイン	大さじ2
トマト缶	400g
ツナ缶	140g
生クリーム	大さじ2
塩、こしょう	適量
お好きなパスタ	180g

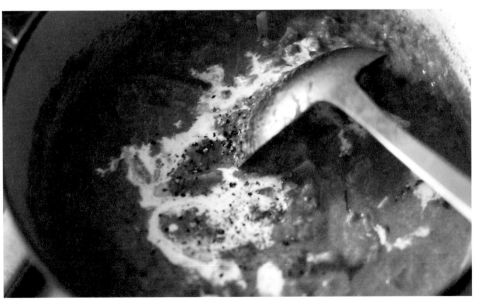

辻 仁成 (つじ・ひとなり)

作家。1989年『ピアニシモ』で第13回すばる文学賞を受賞。97年『海峡の光』で第116回芥川賞、99年『白仏』の仏語版「Le Bouddha blanc」でフランスの代表的な文学賞であるフェミナ賞の外国小説賞を日本人として唯一受賞。『十年後の恋』『真夜中の子供』『なぜ、生きているのかと考えてみるのが今かもしれない』『父 Mon Père』他、著書多数。現在パリで17歳の息子と二人暮らし。

ブックデザイン　渡部浩美
写真　　　　　　辻 仁成
編集担当　　　　八木麻里 (大和書房)

父ちゃんの料理教室

2021年 6 月 1 日　第 1 刷発行
2022年 12 月 1 日　第 9 刷発行

著者　　　辻 仁成

発行者　　佐藤 靖

発行所　　大和書房
　　　　　東京都文京区関口 1-33-4
　　　　　電話 03-3203-4511

印刷　　　広済堂ネクスト
製本　　　ナショナル製本

©2021 Hitonari Tsuji
Printed in Japan
ISBN978-4-479-39365-8